Bildnachweis: Harald Neumann

v.l.n.r.: Daniela Picco, Annekathrin Rothe, Ingeborg Leenen, Katrin Imbery

„Das Spiel ist die eigentliche Heimat der kindlichen Seele, ist sein Paradies, auch mit dem Baume der Erkenntnis."

(Friedrich Philipp Wilmsen, 1770 - 1831)

Liebe Leserin, lieber Leser,

oben stehendes Zitat beschreibt mit einem sehr schönen Bild zwei zentrale Merkmale des Spiels und macht dadurch seine große Bedeutung für die kindliche Entwicklung deutlich: Spielen ist Kindern ein Grundbedürfnis, es ist notwendig für ihre gesunde Entwicklung. Denn im Spiel – vor allem im selbstbestimmten – setzen sich Kinder aktiv und intensiv mit sich und ihrer Umwelt auseinander. Dieses von purer Freude und Neugier getragene Handeln lässt sie dabei, quasi ganz nebenbei, in allen Bereichen der kindlichen Entwicklung erfolgreich wachsen.

Dieses Themenheft vermittelt grundlegendes Fachwissen zum Spiel von Kleinkindern und möchte Sie dabei unterstützen, die Mädchen und Jungen dabei professionell zu begleiten.

Herzlich,

Ihre

Annekathrin Rothe
Chefredakteurin

Inhaltsverzeichnis

Fotos: Harald Neumann

V. Genderaspekte im Spiel und in der Spielbegleitung

VI. Medientipps

Haftungsausschluss
Alle Ratschläge und Hinweise in dieser Zeitschrift wurden sorgfältig recherchiert und in der Praxis erprobt. Sofern in unseren Angeboten Kleinteile verwendet werden, weisen wir darauf hin, dass Kinder unter drei Jahren bei Nutzung dieser Angebote einer kontinuierlichen Beaufsichtigung bedürfen. Bitte beachten Sie, dass weder Autoren, die Redaktion noch der Verlag für eventuelle Nachteile oder Schäden, die aus den in der Zeitschrift angegebenen Hinweisen resultieren, jegliche Haftung übernehmen.

Redaktioneller Hinweis
Zur besseren Lesbarkeit verwenden wir bei Personenbezeichnungen keine Doppelformen, sondern nur die weibliche oder die männliche Form. Gemeint sind immer alle Geschlechter.

Das lerne ich spielend!

Foto: Hansich - Fotolia

Spielen ist nicht einfach Spielerei oder bloßer Zeitvertreib. Aber was ist es dann? Ein Schlüssel der Kinder zu ihrer Umgebung, zur Welt, in der sie leben, und zu sich selbst.

von Julia Höke

1. Was ist Spielen?

Kinder entdecken die Welt um sich herum mit allen Sinnen, die ihnen zur Verfügung stehen. Dabei finden sie immer wieder interessante Phänomene, denen sie nachspüren und nachgehen, die Erwachsene gar nicht als Besonderheit wahrnehmen. Der angeborene Drang zur Exploration ist in aktueller Fach- und Forschungsliteratur als Motor für Entwicklungs- und Lernprozesse beschrieben und dabei vor allem mit Spieltätigkeiten verknüpft. Erkunden, erfahren, forschen und erproben sind verschiedene Ausprägungen des Spielens bzw. der spielerischen Auseinandersetzung mit sich und der Umwelt.

Moritz (1,5) sitzt in der Garderobe und wartet darauf, dass seine Erzieherin ihm hilft, seine Schuhe und die Buddelhose anzuziehen. In dem Trubel zwischen den anderen Kindern scheint er in einer anderen Welt zu sein: Er entdeckt die Schnur, die von seiner Kapuze herunterbaumelt. Er betrachtet und befühlt sie sehr genau, insbesondere das ausgefranste Ende und die kleine Perle, die dafür sorgt, dass die Schnur nicht in der Kapuze verschwindet, haben sein Interesse geweckt. Nun nimmt er das Ende der Kapuzenschnur in den Mund. Moritz schmeckt, wie sich die Schnur anfühlt und wie sie sich verändert, wenn sie zunehmend feucht wird. „So Moritz, jetzt bist du dran!", wendet sich seine Erzieherin plötzlich Moritz zu. Jäh aus seinen Gedanken gerissen hält Moritz seinen Fuß hin, um sich mit den Gummistiefeln helfen zu lassen. Die feuchte Kapuzenschnur baumelt vor seiner Brust.

Verstehen wir die Beschäftigung von Moritz mit seiner Kapuzenschnur (oft als Herumspielen bezeichnet) als echtes Spiel, als Prozess der Weltaneignung und als Lernen? Eine trennscharfe und allgemeingültige Definition für das Spiel gibt es nicht, da die Tätigkeit des Spielens ganz unterschiedliche Aktivitäten umfasst, die wiederum aus komplexen Fähigkeiten und Verhaltensweisen bestehen.

Die Einschätzung des kindlichen Spiels früher …

Dass Spielen entwicklungsförderliches Potenzial hat, ist keine neue Erkenntnis, auch wenn sowohl die Anzahl an Veröffentlichungen in den letzten Jahren als auch ihre Betitelung dies vielleicht suggerieren (z.B. „Lasst unsere Kinder spielen!" von André F. Zimpel; „Rettet das Spiel!" von Gerald Hüther und Christoph Quarch; „Spielen, um zu fühlen, zu lernen und zu leben" von André Stern). Schon die antike Erziehung sah im Spiel ein wichtiges Mittel, das Gleichgewicht der persönlichen Kräfte im Kind zu erreichen. Beispielsweise hat Platon die Nachahmung erwachsenen Handelns (= Mimesis) im Spiel als erziehungsförderlich beschrieben. Im weiteren Verlauf der Geschichte wurde das Spiel immer wieder in unterschiedlichen Kontexten als bedeutsam für die kindliche Entwicklung beschrieben – in Jean Jaques Rousseaus Erziehungsroman „Émile" (1762) ist das Spiel die Basis für die Entwicklung technischen Könnens, den Aufbau von Wissen und auch Moral. Seine Überlegungen beeinflussten die Werke von Johann Heinrich Pestalozzi (1746-1827), Friedrich Fröbel (1782-1852) und Maria Montessori (1870-1952), die für unsere aktuelle Pädagogik von hoher Bedeutung sind. Mit einem kulturanthropologischen Blick auf das Spiel erschien 1938 das Buch „Homo ludens – Vom Ursprung der Kultur im Spiel". Darin beschreibt Johan Huizinga die Bedeutung des Spiels für den Aufbau und die Weiterentwicklung der menschlichen Kultur und hebt damit die gesellschaftliche Bedeutung des Spiels hervor.

... und heute

Trotz oder vielleicht auch gerade wegen der langen Geschichte und der vielfältigen Perspektiven auf das kindliche Spiel fällt es schwer, eine einheitliche Definition für das Spiel und die Spieltätigkeiten festzulegen. Allerdings gibt es in der Spielforschung verschiedene Theorien, in denen Merkmale des Spiels beschrieben werden und die so eine erste Annäherung an dieses komplexe Handlungsgeschehen ermöglichen.

Merkmale des Spiels nach Rolf Oerter

Rolf Oerter (2007) skizziert aus entwicklungspsychologischer Perspektive folgende vier Merkmale als Kennzeichen des Spiels:

1. Selbstzweck: Im Fokus des Spiels steht kein Ergebnis, sondern der Spielprozess bzw. die Tätigkeit des Spielens an sich. Dabei stellt sich die Konzentration von selbst ein, es entstehen flüssige Handlungsabläufe, das Kind beansprucht seine vorhandenen Fähigkeiten und Fertigkeiten optimal.
2. Wechsel des Realitätsbezugs: Im Spiel entsteht ein neuer Handlungsrahmen, innerhalb dessen Gegenstände, Handlungen und Personen etwas anderes bedeuten können als in der realen Welt. Wenn mehrere Kinder oder Erwachsene und Kinder miteinander spielen, einigen sie sich vor und während des Spielens sprachlich oder nonverbal auf den Spielrahmen.
3. Wiederholung und Ritual: Das Kind wiederholt im Spiel immer wieder bestimmte Handlungen, die in ihrem Ablauf und ihrer Darstellung profilierter sind als Alltagshandlungen und so einen Ritualcharakter aufweisen können.
4. Ein hoher Gegenstandsbezug: Oerter verwendet einen weiten Gegenstandsbegriff. Gemeint ist demnach nicht nur klassisches Spielzeug, sondern auch Alltags- und Naturmaterialien ebenso wie die eigenen Körperteile. Im Spiel kann das Kind Objekte fantasievoll umdeuten und ihnen neue Funktionen zuweisen.

   Wenn wir nun die eingangs beschriebene Situation von Moritz in der Garderobe diesen Merkmalen gegenüberstellen, lässt sich seine Tätigkeit zumindest teilweise als Spiel beschreiben:

- Das Erkunden der Kapuzenschnur folgt einem Selbstzweck, Moritz hat kein Ziel vor Augen, das er mit seiner Tätigkeit verfolgt. Er ist in diesem Prozess sehr konzentriert, Raum und Zeit spielen während seiner Aktivität keine Rolle für ihn. Die Intensität der Auseinandersetzung in dieser selbstgewählten Tätigkeit ist hoch.

Foto: Harald Neumann

Ein Eisblock – ziemlich gutes „Zeug zum Spielen“!

- Sein Handeln weist einen hohen Gegenstandsbezug auf, die Kapuzenschnur und ihre Eigenschaften stehen im Vordergrund. Dabei erkundet er diese Merkmale hochkonzentriert mit allen Sinnen.
- Mehrmals betrachtet, befühlt und schmeckt Moritz die Schnur, allerdings weisen diese sich wiederholenden Tätigkeiten keinen wirklichen Ritualcharakter auf, dazu ist die Beobachtungsszene evtl. auch zu kurz.
- Das in vielen Spieltheorien und auch bei Oerter zentrale Umdeuten, Symbolisieren und phantasievolle So-tun-als-ob des Spiels findet bei dem hier beobachteten Prozess nicht statt.

Das Beispiel von Moritz zeigt, dass die Merkmale von Oerter für eine erste Einordnung hilfreich sind, es darüber hinaus aber einen differenzierteren Blick auf das Spiel junger Kinder braucht, da Oerter mit seinen Merkmalen die gesamte Spanne der Kindheit in den Blick nimmt. Das Symbol-/Objekt-/Sujetspiel, in dem das Kind Objekte umdeutet und symbolisch nutzt, ist in der frühen Kindheit nur eine Spielform neben weiteren, insbesondere dem Funktionsspiel.

Tipp:

Mehr zu den verschiedenen Spielformen in der (frühen) Kindheit lesen Sie in Kapitel II, S. 16.

Foto: Harald Neumann

Im Spiel Erfahrungen verarbeiten

2. Vordenkerinnen unserer heutigen Kleinkindpädagogik

Wenngleich sich die meisten Theorien zum Spiel ohne weitere Ausdifferenzierung zunächst auf die gesamte Lebensspanne Kindheit beziehen, sind für unsere heutigen Vorstellungen zur Kleinkindpädagogik einige Vordenkerinnen relevant, die das Spiel insbesondere für junge Kinder in den Blick nehmen.

Charlotte Bühler: Das Funktionsspiel

Charlotte Bühler (1893-1974) entwickelt in ihrem Buch „Kindheit und Jugend“ (1967) eine umfassende Theorie der kindlichen Entwicklung, bei der sie eigene Spielbeobachtungen von Kindern mit spieltheoretischen Aussagen verknüpft. Insbesondere die lustvollen Wiederholungen von Bewegungen, die Produktion von Lauten oder das Hantieren mit Gegenständen beschreibt sie unter Aspekten der Übung. Sie führen dazu, dass Kleinkinder sowohl ihre sensorischen als auch ihre motorischen Fähigkeiten weiterentwickeln. Damit prägte sie den Begriff des Funktionsspiels als erste Spielform des Kindes, bei der es sensorische, motorische und kognitive Funktionen ausbildet.

Emmi Pikler: Freies Spiel

Auch die Arbeiten von Emmi Pikler (1902-1984) zeigen, dass bereits Säuglinge und Kleinkinder ohne Hilfe von Erwachsenen aus sich selbst heraus Bewegungsfähigkeit und Aktionslust entwickeln. Das freie Spiel nimmt in ihrer Pädagogik eine große Rolle ein. Dabei stellt sie folgende vier Grundprinzipien auf, die bis heute die Grundzüge der Pikler-Pädagogik prägen:

- Die Eigeninitiative des Kindes stärken und seine selbstständigen Tätigkeiten unterstützen.

Foto: Harald Neumann

Kleinkinder brauchen vertraute Bezugspersonen, um sich auf Spieltätigkeiten einzulassen

- Stabile, persönliche Beziehungen zu relativ wenigen vertrauten Personen fördern.
- Jedes Kind soll sich gesehen und angenommen fühlen.
- Das optimale körperliche Wohlbefinden und die Gesundheit des Kindes fördern.

Pikler weist in besonderer Weise auf die Bedeutung der Beziehung zwischen Erwachsenen und Kindern hin. Kinder brauchen vonseiten der Erwachsenen eine wertschätzende, liebevolle und interessierte Begleitung, um überhaupt Explorationsverhalten zu zeigen. Dabei betont sie die Möglichkeit, im Rahmen der kindlichen Pflege soziale Beziehungen und Kommunikation zu gestalten (Stichwort „beziehungsvolle Pflege"). Wenn die Pflege behutsame körperliche Versorgung bedeutet, die das Kind zunehmend mit seinen Fähigkeiten mitgestalten kann und die sprachlich begleitet wird, ermöglicht das besondere Momente der Nähe. Piklers Ansatz beruht auf der Berücksichtigung der Tatsache, dass jedes Kind seine eigene Entwicklungsgeschwindigkeit hat. So soll Raum für eine individuelle und autonome Persönlichkeitsentfaltung entstehen, denn nur dort, wo das Kind eigenes Interesse entwickelt, kann es im eigentlichen Sinne lernen und das Gelernte in seine Persönlichkeit integrieren. Dieses Interesse des Kindes wird vor allem im freien Spiel deutlich: Das Kind kann in einer geschützten und entwicklungsangemessen gestalteten Umgebung Erfahrungen sammeln, ausprobieren und experimentieren. Dabei konzentrieren sich die typischen Pikler-Materialien auf die motorische Entwicklung, z.B. das Pikler-Dreieck zum Klettern, Hühnerleiter und Rutschbrett für schräge Aufstiege und Rutscherfahrungen oder die Biber-Würfel, die sich zu Kriechtunneln oder auch Labyrinthen verbinden lassen.

Elinor Goldschmied: Entdeckendes Spiel

Elinor Goldschmied (1910-2009) entwickelte unter ähnlichen Grundannahmen zur individuellen Entwicklung und Selbsttätigkeit des Kindes in Italien und England das heuristische (entdeckende) Spiel für Kinder unter drei Jahren: Kindern, die selbstständig sitzen können, werden in einem sog. „Schatzkorb" verschiedene Alltagsmaterialien wie Küchenutensilien, Ketten, Röhren zum Ineinanderstecken, Dosen, Naturmaterialien etc. zur selbstständigen Erkundung

Der „Schatzkorb" nach Elinor Goldschmied regt das entdeckende Spiel von Kleinkindern an

angeboten. Sie erfahren so Unterstützung in ihren Weltaneignungsprozessen.

Maria Montessori: Übungen des praktischen Lebens

Ausgehend von der Selbsttätigkeit des Kindes und im Bewusstsein der Bedeutung von Materialien für Weltaneignungsprozesse entwickelte Maria Montessori (1870-1952) das Konzept der vorbereiteten Umgebung. Hier stellt man Kindern didaktische Materialien zur Verfügung, die einer bestimmten Systematik folgen:

1. Übungen des praktischen Lebens: Materialien für alltägliche Tätigkeiten wie gießen, schneiden, knöpfen, binden, schrauben etc.
2. Sinnesmaterialien: gegenständliche Spielmittel, die sich in verschiedenen Merkmalen unterscheiden (Form, Material, Gewicht, Größe, Klang), z. B. Rosa Turm, Braune Treppe, Einsatz-Zylinder, Glockensatz und Geschmacksfläschchen
3. Sprachmaterialien, die den Schriftspracherwerb unterstützen, z. B. Sandpapierbuchstaben, bewegliches Alphabet, Satzstern
4. Mathematikmaterialien, die mathematische Kompetenzen fördern, z. B. Numerische Stangen, Perlenmaterial, Hunderterbrett
5. Materialien zur kosmischen Erziehung (Natur- und Sachwissen), z. B. Kalender, Römische Brücke, Planeten-Tafel, Das schwarze Band der Erdgeschichte

Für Kinder unter drei Jahren sind insbesondere die Übungen des praktischen Lebens und die Sinnesmaterialien von Bedeutung. Die Montessori-Sinnesmaterialien zeichnen sich u.a. durch folgende Prinzipien aus: Die Einzelteile eines Materials unterscheiden sich nur in einem Merkmal voneinander (Isolierung der Schwierigkeit: ein spezifischer Lerninhalt steht im Mittelpunkt). So variieren die Holzklötze des Rosa Turms nur in ihrer Größe oder die Glocken im Glockensatz nur durch ihren Ton. Alle Materialien sollen durch ihre Ästhetik, also eine farblich ansprechende Gestaltung und harmonische Formgebung, einen hohen Aufforderungscharakter haben. Im Umgang mit den Materialien steht die Aktivität im Vordergrund, durch die sich die Kinder die Gegenstände handelnd erschließen können. Gleichzeitig beinhalten die Materialien auch eine Fehlerkontrolle. Die einzelnen Blöcke des Rosa Turms oder auch die Zylinder lassen sich nur in einer Reihenfolge alle verbauen. Zudem wird dadurch, dass nicht für jedes Kind jedes Material zur Verfügung steht, eine Begrenzung erreicht, die die Kinder dazu anregt, sich gemeinsam mit einem Material zu befassen oder untereinander abzusprechen (dies können allerdings Kinder im ersten und zweiten Lebensjahr nur sehr bedingt umsetzen, s. Kapitel II, S. 16). Die Systematik der Montessori-Materialien sollte man allerdings nicht so verstehen, dass kreative und fantasievolle Spieltätigkeiten mit den Materialien ausgeschlossen bzw. unerwünscht sind. Allerdings nimmt das freie Spiel bei Maria Montessori nicht die dominierende Rolle ein. Ihr vielzitierter Ausspruch: „Das Spiel ist die Arbeit des Kindes!" wird oft genutzt, um die generelle Bedeutung des Spiels für die kindliche Entwicklung zu unterstreichen. Er bezieht sich aber vielmehr auf die Prozesse, bei denen Kinder zunächst unter Anleitung von Erwachsenen Fähigkeiten erwerben, die es ihnen nach und nach möglich machen, unabhängig von Erwachsenen zu handeln.

Allerdings setzen Fachkräfte heute Montessori-Materialien in Kindertageseinrichtungen oftmals offener ein als von der Pädagogin vorgesehen, dann stehen die Materialien den Kindern in freien Spielsituationen zur Verfügung.

3. Aktuelle Perspektiven auf das Kind, sein Spielen und Lernen

Aktivität, Selbsttätigkeit und Freiheit sind Schlagworte, die man in den meisten Theorien über Spielprozesse findet. Dies steht im Zusammenhang mit dem „Bild vom Kind", das derzeit in Bildungspolitik, Wissenschaft und Praxis weit verbreitetet ist: ein Kind, das sich selbst bildet, seine eigenen Lernprozesse aktiv mitgestaltet und dabei von Eltern, pädagogischen Fachkräften sowie seinen Peers als Ko-Konstrukteure unterstützt wird (Büker 2015). Das Bild des kompetenten Kindes wird durch weitere relevante Disziplinen rund um das Kind und seine Bildungsprozesse gestützt. So entwirft die neue sozialwissenschaftliche Kindheitsforschung (Heinzel / Kränzl-Nagel / Mierendorff 2012) in Abkehr von der Vorstellung des Kindes als unfertigem, defizitärem Entwicklungswesen die Idee, das Kind als sozialen Akteur zu verstehen, der durch eigene Handlungsmächtigkeit seine Umwelt und damit auch seine Sozialisation beeinflusst. Das Kind wird nicht mehr als passives Gesellschaftsmitglied gesehen, das erst als Erwachsener an der Reproduktion von Gesellschaft mitwirkt. Es gestaltet Interaktionen aktiv mit und wirkt dadurch auf seine persönlichen Sozialisations- und Bildungsprozesse ein. So hat das Handeln von Kindern nicht nur Auswirkungen für sie selbst, sondern auch für die Interaktion mit und zwischen Erwachsenen, wie das folgende Beispiel zeigt.

Leo (2;0) klettert im Außengelände der Kita auf die Rutsche. Zwei Pädagoginnen stehen in etwa zehn Metern Entfernung und beobachten die Versuche des Jungen, die weit auseinanderliegenden Sprossen der Leiter zu erreichen. Die beiden sind sich uneins – während eine der beiden eingreifen und den Jungen unterstützen möchte, sagt die andere: „Warte mal ab, der schafft das!" Während Leo weiterklettert, entsteht ein handfester Konflikt über Aufsichtspflicht, Gefahren, Vertrauen in die Kompetenzen der Kinder und das Gebot der Zurückhaltung.

Leos Handeln (die Versuche, eigenständig die nächste Sprosse zu erreichen, mit verbalen und nonverbalen Signalen um Unterstützung bitten oder eben auch nicht) hat unmittelbaren Einfluss darauf, wie Fachkräfte aus professioneller Perspektive diese Situation und den damit verbundenen Handlungsbedarf einschätzen. Es löst aber auch grundsätzliche Diskussionen über die Gewährung von Freiräumen bzw. das Eingreifen von Erwachsenen aus. Kinder sollen als Persönlichkeiten mit eigenen Rechten gesehen und in ihren Interessen und Ansichten ernst genommen werden. Deshalb ist es folgerichtig nicht mehr so, dass Erwachsene per se und von vornherein wissen, was für Kinder richtig, gut und wünschenswert ist, wie eine positive Kindheit aussieht und was Kinder brauchen, um gesund und glücklich aufzuwachsen. Die Signale des Kindes haben direkten Einfluss auf die Gestaltung der Interaktionsprozesse vonseiten der Erwachsenen, so gestalten Kinder ihre Kindheit aktiv mit.

Foto: Harald Neumann

Für Kinder unter drei Jahren sind Sinnesmaterialien besonders wichtig

Neue Erkenntnisse aus Wissenschaft und Forschung

Erkenntnisse der modernen Entwicklungspsychologie, der Säuglingsforschung und auch der Neurowissenschaften unterstützen diese veränderte Perspektive auf das Kind. Sie belegen den angeborenen kindlichen Drang, sich eigenständig die Welt zu erschließen, indem auch, aber nicht nur im Spiel herausfordernde Entwicklungsaufgaben bewältigt werden. Insbesondere die Neurowissenschaften unterstreichen das ungeheure Lernpotenzial des Kindes in jungen Jahren, in denen es Verknüpfungen zwischen Neuronen über Synapsen ausbildet, verstärkt oder schwächt. Ein zentraler Begriff ist die Neuroplastizität, also die Flexibilität des Gehirns, sich immer wieder umzubauen und neu zu gestalten. Diese Eigenschaft ist in den ersten Lebensjahren besonders hoch und geht dann zugunsten von Effektivitätsprozessen im weiteren Entwicklungsverlauf immer weiter zurück. So ist die Perspektive auf Entwicklung grundsätzlich eine positive - Kinder sind mit ihren Ressourcen und Potenzialen grundsätzlich in der Lage, Entwicklungsaufgaben gut zu meistern und an diesen zu wachsen. Natürlich unterliegen die Entwicklungsverläufe auch biologischen und sozialen Vorausetzungen (Hasselhorn / Lehmann / Titz, 2008).

Foto: Harald Neumann

Im Spiel herausfordernde Entwicklungsaufgaben bewältigen

In diesem Kontext spielt der Begriff der Resilienz eine wichtige Rolle. Resilienz meint allgemein die psychische Widerstandsfähigkeit von Menschen gegenüber Entwicklungsrisiken, also die Kompetenz, erfolgreich mit belastenden Situationen umzugehen. Vor allem personale Ressourcen wie Selbstwirksamkeitsüberzeugungen, Selbstständigkeit und soziale Kompetenzen spielen für den Aufbau von Resilienz eine wichtige Rolle, ebenso wie gute Bindungserfahrungen sowie Kompetenz- und Autonomieerfahrungen, die die Kinder bei der Entwicklung eines positiven Selbstkonzepts unterstützen.

Beim Spielen soziale Kompetenzen erwerben

Das Spiel kann für das Kind sowohl als Ventil für die Verarbeitung von belastenden Erlebnissen als auch als Quelle für Kompetenz- und Autonomieerfahrungen gesehen werden. Darüber hinaus trainieren bereits junge Kinder in Spielprozessen ihre Interaktionskompetenzen, sie machen die Erfahrung, über ihren Spielprozess selbst zu bestimmen, sich gleichzeitig aber auch hin und wieder unterzuordnen, um gemeinsames Spielen zu ermöglichen. Aushandlungsprozesse finden nicht nur vor, sondern (wie bereits in Oerters Merkmalen skizziert, s. S. 7) auch immer wieder während des Spielens statt. So rückversichern sich Kinder im Rollenspiel immer wieder, welche Rolle sie aktuell einnehmen. Die Einleitung gemeinsamer Spielprozesse und deren Aushandlung (wer spielt was mit wem und mit welchen Materialien) sind eine Quelle intensiver sozialer Erfahrungen. Der Spielverlauf kann auch für Erwachsene immer wieder überraschend sein. Das zeigt folgendes Fallbeispiel:

Leon (3;0) sitzt im Konstruktionsbereich des Gruppenraums allein auf dem Boden und fährt mit zwei Autos auf dem Straßenteppich hin und her. In unmittelbarer Nähe steht eine große Holzkiste mit Bauklötzen, die er nicht weiter beachtet. Malina (2;5) kommt hinzu und beobachtet ihn kurz. Schließlich setzt sie sich neben die Holzkiste und fragt Leon: „Darf ich mitspielen?“ Leon antwortet ohne Aufzublicken: „Nein.“ Malina blickt zu ihrer Pädagogin und sagt: „Er hat Nein gesagt.“ Dann wiederholt sie an Leon gewandt: „Darf ich mitspielen?“ Und wiederum zu ihm: „Ich möchte mitspielen.“ Leon schiebt sein Auto ein Stück weiter und sagt: „Nein.“ Die Pädagogin fragt nun Leon: „Warum denn nicht?“ Malina schaut sie an und sagt zu ihr: „Er hat Nein gesagt.“ Leon blickt nun das erste Mal auf, schaut die Pädagogin an und wendet sich wieder dem Auto zu. Er sagt: „Weil die nicht mein Freund ist.“ Die Pädagogin fragt: „Wer ist denn dein Freund?“ Leon antwortet: „Du.“ „Ach, ich?“, fragt die Pädagogin und Leon schränkt direkt ein: „Ja. Aber nur manchmal. Aber nur heute.“ Die Pädagogin schlägt Leon vor: „Aber dann kann Malina heute doch auch deine Freundin sein.“ Leon schüttelt den Kopf: „Nein.“ Malina wird nun wieder selbst aktiv und fragt abermals: „Darf ich mitspielen?“ Leon blickt sie an und sagt: „Nein. Nein. Ja.“ Malina strahlt zuerst ihn und dann die Pädagogin an und ruft: „Er hat Ja gesagt!“ Malina greift nun in die bislang überhaupt nicht ins Spielgeschehen involvierte Kiste und verteilt Bauklötze auf dem Boden. Sie beginnt damit, einen Turm zu bauen. Leon schaut ihr einige Augenblicke zu und nimmt einen Klotz in die Hand. Nun fragt er Malina: „Darf ich mitspielen?“ und hält seinen Klotz hoch. Malina antwortet nicht auf seine Frage, sie zeigt auf seinen Klotz und sagt: „Das nicht!“ Sie zeigt auf die Spitze des Turms. „Das nicht da drauf tun!“

Die geschilderte Beobachtungssequenz unterstreicht, wie komplex Spielsituationen gerade bei Kindern unter drei Jahren verlaufen und dass diese aus Erwachsenenperspektive weder vorhersehbar noch planbar sind. Aus Erwachsenenperspektive ist zunächst wenig verständlich, wieso Leon das Mitspielen von Malina ablehnt, ausreichend Platz wäre vorhanden, sodass beide relativ unabhängig voneinander miteinander spielen könnten. Vor diesem Hintergrund ist es ebenso verwunderlich, dass Malina Leon überhaupt um Erlaubnis bittet.

Foto: Евгений Вдовин - Fotolia

Die Resilienz wird gestärkt, wenn Kinder sich im Spiel als selbstwirksam erleben

Die Irritation verstärkt sich, als Malina sich einem anderen Spielmaterial zuwendet. Wieso hat sie Leon überhaupt gefragt, wenn sie doch eigentlich etwas ganz anderes tun möchte als er? Besonders interessant ist im weiteren Verlauf, dass sich die Rollenkonstellation zwischen Bittsteller („Darf ich mitspielen?“) und Bestimmer („Nein.“ „Das nicht dahin tun.“) umkehrt, nachdem Malina ihren eigenen Spielprozess initiiert hat. Nun ist sie diejenige, die Leon wahlweise abweist oder seine Aktivitäten genauestens kontrolliert. Deutlich wird, dass jenseits der konkreten Spielhandlungen die bereits von Oerter angesprochenen verbalen und non-verbalen Aushandlungsprozesse einen wesentlichen Teil der eigentlichen Spielhandlung beanspruchen. Die komplexen sozialen Erfahrungen in dieser Situation wirken insbesondere auf die Ausbildung interaktionaler und sozialer Kompetenzen. Gleichzeitig kann die Irritation („Wieso macht sich Malina abhängig von dem Urteil Leons, darüber, ob sie mitspielen darf oder nicht?“) vor dem Hintergrund generationaler Ordnung interpretiert werden. Leon und Malina agieren nicht allein, auch eine erwachsene Person ist anwesend. Malinas Frage, ob sie mitspielen darf, könnte daher auch eine Überreglementierung der üblichen sozialen Praktiken innerhalb der Kita sein. Es gibt demnach die Regel, dass man fragen muss, ob man mitspielen darf, und Malina hat wegen der Anwesenheit einer erwachsenen Kontrollinstanz das Bedürfnis, dieser Regel nachzukommen (unabhängig davon, ob sie in dieser Situation Sinn ergibt). Insgesamt zeigt die Beobachtungssequenz, dass bereits sehr junge Kinder über Kompetenzen verfügen, Spielprozesse gemeinsam zu gestalten und auszuhandeln, mitnichten also bei unter Dreijährigen nur paralleles und voneinander unabhängiges Spielen vorkommt (siehe dazu auch Kapitel II, S. 16).

4. Professionelle Spielbegleitung – die Aufgabe der Pädagogin

Auch in den verschiedenen Bildungs- und Orientierungsplänen ist das Bild vom Kind als kompetentem Akteur zu einer weitgehend unhinterfragten

Leitvorstellung geworden. Damit geht eine hohe Bedeutung des kindlichen frei gewählten Spiels einher, da insbesondere das Freispiel vielfältige Potenziale bietet, sich mit den diversen Bildungsbereichen zu beschäftigen und Kompetenzen zu erwerben. Allerdings bleibt in den Bildungs- und Orientierungsplänen wie auch in vielen Veröffentlichungen zum Bildungswert des Spiels offen, wie genau dieser Kompetenzerwerb stattfindet und insbesondere, was die Aufgaben der pädagogischen Fachkraft in dieser Bildungsbegleitung sind (Kasüschke 2016).

Ob Kinder überhaupt explorieren, hängt zuallererst davon ab, wie geborgen und sicher sie sich in ihrer Umgebung fühlen. Vertrauensvolle Beziehungen zwischen Kindern und den pädagogischen Fachkräften sind demnach eine wichtige Basis für das Einlassen auf Spielaktivitäten.

Im Spiel und der Auseinandersetzung mit verschiedenen Spielmitteln erforschen die Kinder ihre Umwelt und üben dabei verschiedene Praktiken ein, sie erweitern ihre Fähigkeiten und Fertigkeiten. Allerdings wäre es eine zu große Vereinfachung, wenn man aus dieser Perspektive ableiten würde, dass die pädagogischen Fachkräfte nur noch für die Bereitstellung einer anregungsreichen Umgebung und die Sicherstellung von Aufsicht und Betreuung zuständig sind. Nationale und internationale Studien belegen eindrücklich, dass die Interaktion zwischen Kindern und Pädagoginnen einen hohen Einfluss auf den Kompetenzerwerb haben. Bei jungen Kindern spielt vor allem die sprachliche Begleitung des Handelns, die bereits in der Pädagogik Emmi Piklers eine hohe Bedeutung hat, eine große Rolle.

Scaffolding: Spielideen der Kinder erweitern

Hilfreich für die Beantwortung der Frage, was gelungene Interaktionsprozesse kennzeichnet, ist die Theorie des Scaffolding (von engl. scaffold „Gerüst“) nach Lew Wygotsky (1987). Wygotsky betont, dass Kultur immer durch die Interaktion mit anderen Menschen hergestellt wird. Kinder lernen also besonders durch gemeinsame Erfahrungen mit Erwachsenen und Gleichaltrigen. Erwachsene haben für Wygotzky die Aufgabe, Kinder anzuleiten und in ihrem Lernen zu unterstützen, indem sie Lernerfolge ermöglichen. Eine zentrale Rolle nimmt dabei das Scaffolding des Erwachsenen ein, welches dem Kind eine Anleitung bzw. ein Gerüst anbietet, in dessen Rahmen es seine eigenen Erfahrungen erweitern kann, ohne Gefahr zu laufen, abzustürzen, also Misserfolg zu haben. So gelangt das Kind in die Zone der nächsten Entwicklung. Im Sinne des Scaffoldings nach Wygotsky ergeben sich vielfältige Möglichkeiten für die pädagogische Fachkraft, Spielideen der Kinder zu erweitern. Diese Erweiterung bezieht sich nicht unbedingt direkt auf eine aufwendige Bereitstellung neuer Materialien, sondern kann zunächst auch ein Kommentar oder Gespräch mit dem Kind über sein Spiel sein. Die sprachliche Begleitung der kindlichen Aktivitäten ist ein wesent-

Wann greife ich ein? Wann halte ich mich zurück? – Das Gespür dafür gehört zur professionellen Spielbegleitung

licher Baustein alltagsintegrierter Sprachförderung. Wenn Kinder das Interesse eines Erwachsenen wahrnehmen, kann dies einen großen Einfluss auf das weitere Tun des Kindes und den Übergang in die Zone der nächsten Entwicklung haben. Das Kind erlebt: „Das, was ich tue, ist bedeutsam und wichtig. Ich und meine Aktivität werden wahrgenommen und gesehen" - ein Grundbedürfnis des Kindes in seiner Entwicklung von Selbstbestimmung.

Sustained Shared Thinking: Denkprozesse gemeinsam teilen

Ein weiteres Konzept pädagogischer Interaktionen, das für die professionelle Spielbegleitung hilfreich sein kann, ist das Modell des Sustained Shared Thinking nach Siraj-Blatchford (2009), übersetzt als „gemeinsam geteilter Denkprozess". Dabei kommentiert die pädagogische Fachkraft nicht nur die Spielaktivität des Kindes, sondern fragt zunächst, was es tut. Sie kommentiert also nicht: „Du baust einen Turm", sondern fragt: „Was baust du denn da?" So stülpt sie dem Kind nicht ihre Interpretation des Geschehens über und begibt sich im Sinne einer forschenden Grundhaltung selbst in den Prozess des Lernens. Dabei versucht sie, ihre eigene Perspektive zurückzustellen und sich der kindlichen Perspektive anzunähern. Die eigene Begeisterungsfähigkeit, der Spaß am Spiel und an der Kommunikation mit den Kindern bieten dafür die Basis.

Was bedeutet professionelle Spielbegleitung?

Unter welchen Gesichtspunkten lässt sich die pädagogische Spielbegleitung demnach als professionell beschreiben? Professionelles Handeln zeichnet sich zum einen dadurch aus, dass es auf fundiertem fachlichem bzw. theoretischem Wissen beruht. Die Fachkräfte sollten also über ein umfassendes Wissen über verschiedene Spielformen und damit verbundenes Spielverhalten verfügen und dieses mit entwicklungspsychologischen und sozialwissenschaftlichen Grundlagen verknüpfen können. Zum anderen - um der Unvorhersehbarkeit und begrenzten Planbarkeit von pädagogischen Situationen gerecht zu werden - geht es um die Reflexion des Erfahrungswissens. Professionalität ist demnach etwas, was sich in der konkreten Interaktion mit Kindern, in der Gestaltung und Begleitung von Spielprozessen immer wieder selbst herausbildet - dadurch, dass man als pädagogische Fachkraft sein Handeln und den gesamten Prozess beständig kritisch reflektiert. Dieser Prozess bezieht sich nicht nur auf individuelle Spielbegleitungen, sondern kann sich auch auf die Planung von Spielangeboten für die gesamte Gruppe beziehen. Diese Spielplanung kann sich einerseits an entwicklungspsychologischen Grundlagen orientieren, z. B. wenn aus der Überlegung heraus, dass sinnliche Erfahrungen für Kinder besonders wichtig sind, der Mittwoch zum Matschtag erklärt wird. Über die nächsten Wochen und Monate planen die Pädagoginnen, was sie den Kindern dazu je nach Witterung im Außen- und Innenbereich der Einrichtung anbieten könnten. Entscheidend ist dann, dass sie beobachten, wie die Kinder diese Angebote nutzen. Und dass sie darauf reagieren, indem sie bspw. ein Angebot erweitern, wenn die Kinder es intensiv nutzen, oder auch durch etwas anderes ersetzen, wenn es von den Kindern nicht angenommen wird. Das freie Spiel ist besonders gut dazu geeignet, um Interessen der Kinder zu erkennen und daraus erweiterte Angebote zu entwickeln. Die skizzierte neue Perspektive auf Kinder als kompetente Akteure, die ihre Bildungsprozesse eigenaktiv und selbsttätig mitgestalten, führt also mitnichten zu dem Schluss, dass pädagogische Fachkräfte sich auf die Raum- und Materialbereitstellung und Beobachtungsaufgaben zurückziehen können. Vielmehr erscheint die professionelle Interaktionsgestaltung als komplexe Aufgabe, die ein hohes Gespür für die Kinder und ihre Spielprozesse voraussetzt: Wann ziehe ich mich zurück und lasse die Kinder ihr Spielgeschehen selbst gestalten? Wann werde ich aktiv und initiiere, erweitere oder unterbreche aktuell stattfindende Aktivitäten? Wie begleite ich das einzelne Kind angemessen, vor allem wenn ich auf nonverbale Signale des Kindes angewiesen bin? Die Antworten auf diese Fragen kann man umfassend nur für konkrete Spielsituationen geben, eigentlich sogar erst nach diesen in einer Reflexion des pädagogischen Handelns. Die Etablierung dieser Reflexionen als individuelle und auch kollektive, also im Team verortete Aufgabe stellt einen wesentlichen Beitrag zur Weiterentwicklung pädagogischer Qualität dar.

Literatur

Büker, P.: Kinderstärken - Kinder stärken. Erziehung und Bildung ressourcenorientiert gestalten. Stuttgart: Kohlhammer 2015

Hasselhorn, M. / Lehmann, M. / Titz, C.: Kindheit und das Verständnis von Aufwachsen. In: Thole, W. et al. (Hrsg.): Bildung und Kindheit. Opladen: Barbara Budrich 2008

Heinzel, F. / Kränzl-Nagl, R. / Mierendorff, H.: Sozialwissenschaftliche Kindheitsforschung - Annäherungen an einen komplexen Forschungsbereich. Theo-Web. Zeitschrift für Religionspädagogik, 11(1), 2012, S. 9-37

Kasüschke, D.: Kinderstärkende Pädagogik und Didaktik in der Kita. Stuttgart: Kohlhammer 2016

Oerter, R.: Zur Psychologie des Spiels. In: Psychologie und Gesellschaftskritik. 31(4), 2007, S. 7-32

Siraj-Blatchford, I.: Conceptualising progression in the pedagogy of play and sustained shared thinking in early childhood education: a Vygotskian perspective. In: Education and Child Psychology, 26 (2), 2009, S. 77-89

Wygotzky, L.: Ausgewählte Schriften. Bd. 2. Berlin: Volk und Wissen 1987

Was uns das Spiel des Kindes verrät

Foto: Harald Neumann

Wer ein Kind aufmerksam begleitet, kann in seinem Spiel Hinweise auf aktuelle Themen und Entwicklungsphasen entdecken und es in seinen nächsten Schritten begleiten.

von Julia Höke

1. Entwicklung: Anlage und Umwelt

Wenn ein Kind auf die Welt kommt, verfügt es bereits über die biologische Ausstattung und ein erstes einfaches Verhaltensrepertoire, um sich und die Welt zu erkunden und Gefühle und Bedürfnisse auszudrücken. Ein innerer Antrieb sorgt schon bei Säuglingen dafür, dass sie mit engen Bezugspersonen und ihrer Umwelt in Kontakt treten. Schon Neugeborene sind bspw. in der Lage, Gesichtsausdrücke zu imitieren. Auch angeborene Unterschiede im Temperament lassen sich bereits bei sehr jungen Babys feststellen. Laut Dornes (1999) gibt es z.B. Babys mit einfachem Temperament, die auf neue Reize mit Neugier reagieren, und Babys mit sog. irritierbarem oder schwer aufwärmbarem Temperament, die bei Reizen eher Skepsis oder sogar Furcht zeigen. Bezugspersonen erleben den Kontakt zu Babys mit einfachem Temperament durch die positiven Reaktionen als angenehm und lustvoll, es entstehen so sehr schnell positive Interaktionen. Der Kontakt zu Babys mit irritierbarem bzw. schwer aufwärmbarem Temperament gestaltet sich dagegen anspruchsvoller, da die Bezugsperson durch die Reaktion des Babys selbst irritiert sein kann, aber besonders feinfühlig reagieren muss. Diese Feinfühligkeit, die auch als responsives Verhalten beschrieben wird, führt wiederum dazu, dass die angeborenen Temperamentsunterschiede nicht zwangsläufig zu einer bestimmten Persönlichkeitsentwicklung führen. Im Gegenteil: Die Feinfühligkeit der Bezugspersonen kann die Temperamentsunterschiede der Kinder modifizieren. Die individuelle genetische Ausstattung des Kindes lässt sich somit als Möglichkeitsraum beschreiben, in dem das einzelne Kind sich entwickeln kann. Die genetischen Anlagen sind demnach nicht so zu verstehen, dass die Entwicklung und das Lernen des Kindes bereits vorherbestimmt sind, sie werden vielmehr in Abhängigkeit von sozialen und materiellen Umweltbedingungen aktiviert. Hurrelmann (2015) spricht in diesem Zusammenhang von einer produktiven Realitätsverarbeitung der inneren und der äußeren Realität. Die innere Realität definiert er als die genetische Ausstattung und körperliche Konstitution, Intelligenz, Temperament und somit Grundstrukturen der Persönlichkeit. Die äußere Realität bezeichnet die Familie, aber auch Erziehungs- und Bildungseinrichtungen, die Gruppe der Gleichaltrigen und im späteren Verlauf dann auch weitere Organisationen, Medien, Arbeits- und Wohnbedingungen.

Für eine gute Entwicklung

Neben der Familie spielt die Gestaltung der institutionellen Betreuung von Kleinkindern eine zentrale Rolle dafür, wie gut Kindern die aktive Auseinandersetzung mit ihren inneren Bedürfnissen und den äußeren Einflüssen und Reizen gelingt (also wie gut ihre produktive Realitätsverarbeitung funktioniert). Insbesondere die bereits erwähnte Responsivität, also das feinfühlige Reagieren auf kindliche Signale, ist wichtig, da diese die Kinder bei der Bewältigung negativer Emotionen unterstützt und ihnen Sicherheit vermittelt. Hinzu kommt eine positive Zugewandtheit, die für eine positive Grundstimmung sorgt und dem Kind ebenfalls die Sicherheit gibt, die es braucht, um zu explorieren und sich auf neue Angebote und Beziehungspersonen einzulassen. Das Erleben von Zugehörigkeit und das Gefühl des Wahr- und Angenommenseins ist die Basis für jegliches exploratives Verhalten.

Autonomie erfahren im freien Spiel

Doch auch das Erleben von Autonomie („Ich darf etwas tun.") und Kompetenz („Ich kann etwas tun.“) sind wichtige Grunderfahrungen für eine gute und gesunde Persönlichkeitsentwicklung. Erste Anzeichen dafür, dass Kinder sich als eigenständige Personen und als abgegrenzt von anderen Menschen wahrnehmen, lassen sich zum Ende des ersten Lebensjahrs erkennen. Im Sinne einer geteilten Aufmerksamkeit sind sie zunehmend in der Lage, z. B. dem Blick des Erwachsenen zu folgen und gemeinsam etwas zu betrachten oder diesen durch Zeigen und verbale Äußerungen dazu aufzufordern, die Aufmerksamkeit auf einen Gegenstand, z. B. das Bilderbuch oder die Puppe, zu richten. Mit fortschreitendem Spracherwerb spricht das Kind von sich selbst in der Ich-Form und von seinen Dingen. Dieses Verhalten lässt sich besonders gut in freien Spielsituationen beobachten, wenn ein Kind z. B. sämtliche Spielgegenstände als „meins“ beschreibt und auch anderen Kindern Spielmittel entwendet, z. B. mit dem Kommentar: „Das brauche ich“. Zur Entwicklung dieses autonomen Ichs gehört auch, dass die Kinder vieles selbst tun wollen, wie z. B. Wasser aus einer Kanne eingießen oder selbst die Schuhe anziehen. Allerdings stoßen Kinder hier auch an die Grenzen ihrer Handlungsfähigkeit. Zum einen, wenn etwas nicht so klappt, wie sie es sich vorgestellt haben, oder auch, wenn Erwachsene ihre gewünschte Handlung unterbinden. Verzweiflung, Wut und Trauer darüber können die Folge sein. Für eine gute Entwicklungsbegleitung spielt auch hier die Responsivität eine große Rolle, indem das Kind in seinen Emotionen und auch in seinen Autonomiebestrebungen ernst genommen wird. Parallel dazu sollte die Fachkraft überprüfen, inwieweit sie das Kind in diesen Aktivitäten so unterstützen kann, dass es sich als selbstbestimmt und kompetent erlebt. So kann sie das Kind bspw. beim Wasser eingießen dadurch unterstützen, dass sie Kannen anbietet, die junge Kinder gut handhaben können. Aber auch dadurch, dass sie signalisiert, dass es völlig in Ordnung ist, wenn beim Eingießen Wasser auch auf den Tisch fließt. Alternativ bzw. ergänzend kann sie ein Spiel zum Gießen und Schütten anbieten, in dem das Kind diese Tätigkeit erproben und üben kann. Dabei geht es um die Ermöglichung von Kompetenzerfahrungen, also die Umkehr des erlebten „Das kann ich noch nicht“ hin zu einem Gefühl von „Das schaffe ich, das kann ich schon“. Gerade im freien Spiel liegt ein besonderes Potenzial, da die Kinder sich hier oft Aufgaben suchen, die für sie eine echte Herausforderung sind. Eine solche stellt die optimale Balance zwischen den individuell vorhandenen Fähigkeiten und den durch das Spielmittel gestellten Anforderungen dar. Diese Anforderungen sind im Idealfall ein wenig höher als die bereits vorhandenen Fähigkeiten, denn wenn sie zu hoch sind, entsteht das Gefühl der Überforderung. Liegen die Anforderungen dagegen unter den Fähigkeiten, entsteht Langeweile.

Kompetenzen entwickeln

Timo (2;0) nimmt sich auf dem Außengelände einen großen Roller und versucht, diesen aufzustellen. Er kann ihn jedoch nur anheben, nicht in einen aufrechten Stand bringen. Schließlich wendet er sich einem anderen, etwas kleineren Roller zu, der ebenfalls im Gras liegt. Diesen kann er aufstellen und er versucht, seinen Fuß auf das kleine Trittbrett zu stellen. Als Timo dann den anderen Fuß vom Boden löst, gerät der Roller ins Wanken. Timo stützt sich wieder am Boden ab und

Foto: Redaktion

Responsive Begleitung ist für eine gute kindliche Entwicklung von großer Bedeutung

Foto: Harald Neumann

Jedem sein Schäufelchen: Im ersten Lebensjahr fällt es Kindern noch schwer, Materialien zu teilen

probiert es einige Male. Schließlich gelingt es ihm, auf einem Bein auf dem Roller stehend das Gleichgewicht zu halten. Nun steigt er ab und lässt den Roller wieder ins Gras fallen. Er geht zum Sandkasten. Als die Kinder am nächsten Tag wieder nach draußen gehen, sucht Timo sofort den kleinen Roller. Er wiederholt seine Tätigkeit vom Tag zuvor und es gelingt ihm bereits deutlich schneller, mit dem Roller in die Balance zu kommen. Er unternimmt einen ersten Versuch, mit dem freien Fuß Schwung zu holen, und der Roller bewegt sich einige Zentimeter nach vorn. Er lacht und steigt ab.

Diese Beobachtungssequenz zeigt, wie Kinder sich in ihrem Umfeld Herausforderungen suchen und was mit dem Erleben von Kompetenz gemeint ist. Timo hat bereits ein gutes Gespür dafür, was er schaffen kann. Auch wenn der große Roller für ihn zunächst scheinbar attraktiver war, hat er erkannt, dass er mit dem kleineren Fahrzeug besser zurechtkommt. Er stellt sich bis zu einem gewissen Maß der Herausforderung, mit dem Roller zu hantieren, und bestimmt selbst, wann dies für ihn genug ist. Zu einem anderen Zeitpunkt greift er die Aktivität wieder auf und erlebt einen Kompetenzzuwachs, der sich im weiteren Verlauf seiner Entwicklung fortsetzen wird. Das Schaffen von Kompetenzerleben meint also nicht unbedingt, dass Pädagoginnen die Kinder unmittelbar unterstützen müssen, um eine Kompetenzerfahrung zu ermöglichen. In Situationen wie dieser besteht oft die Gefahr, dass Bezugspersonen vorschnell eingreifen und hier Timo bspw. beim Aufstellen des Rollers helfen, ihn festhalten und ihn vielleicht sogar eine Runde durch den Garten schieben. Spaß hätte dies Timo sicherlich ebenfalls gemacht, und auch solche Erfahrungen können dabei unterstützen, die eigene Kompetenz weiterzuentwickeln (z. B. indem Timo spürt, wie es sich anfühlt, wenn der Roller in Bewegung gerät). Die eigene Kompetenzerfahrung entsteht aber vor allem im selbstbestimmten und selbstständigen Tun.

Einfühlungsvermögen im Spiel

Wenn Kinder Autonomie erleben und sich ihrer eigenen Identität bewusst werden, beginnt auch die Entwicklung von Einfühlungsvermögen. Bereits im ersten Lebensjahr können Kinder Gefühle anderer Menschen identifizieren. Ab einem Alter von etwa 18 Monaten sind Kinder z. B. in der Lage zu erkennen, dass ein anderes Kind weint, weil es sich wehgetan hat, und können bereits erste Versuche unternehmen, dieses zu trösten und bspw. auf die verletzte Stelle zu pusten. Ab dem Alter von zwei Jahren entwickeln Kinder zunehmend ihre soziale Identität, indem sie zwischen Erwachsenen und Kindern oder auch zwischen Jungen und Mädchen unterscheiden lernen. Mehr und mehr begreifen sie, dass ihre eigenen Interessen und Bedürfnisse nicht unbedingt mit den

Interessen und Bedürfnissen anderer Menschen übereinstimmen müssen. Diese altersabhängige Entwicklung hat auch Einfluss auf die Gestaltung von Spielangeboten in der Kindergruppe. So sind Kinder im ersten Lebensjahr noch nicht in der Lage, Spielmittel miteinander zu teilen und haben noch wenig Handlungsalternativen in ihrem Verhaltensrepertoire, wenn es zu Konflikten kommt. Wenn Pädagoginnen Kindern im ersten Lebensjahr verschiedene Gegenständen und Materialien zum Explorieren anbieten, sollten sie darauf achten, dass alle Kinder die gleichen Gegenstände zur Verfügung haben. Und wenn im Freispiel erste Konflikte zwischen den Kindern bspw. um die rote Schaufel im Sandkasten oder den blauen Ball entstehen, sollten sie regulierend eingreifen und bspw. dem einen Kind eine Alternative (die gelbe Schaufel oder den grünen Ball) anbieten, es zu einer anderen Spielhandlung motivieren oder es zumindest trösten und die Wartepause begleiten, bis das gewünschte Spielmittel frei wird. Die Pädagogin kann darauf hinweisen, dass die Kinder sich abwechseln können. Dies sollte aber nicht die einzige Unterstützung bleiben, da ansonsten die Gefahr besteht, dass sich in vielen Spielsituationen das körperlich überlegene Kind durchsetzt. Mit fortschreitendem Alter sind die Kinder in der Lage, Konfliktsituationen auch selbst zu regulieren und ihr Handlungsrepertoire zu erweitern.

2. Die Auseinandersetzung mit der Welt im Spiel

Entwicklung und Lernen vollziehen sich laut des Genfer Entwicklungspsychologen Jean Piaget (2000) immer in Interaktionsprozessen zwischen Person und Gegenstand, wobei sich diese vor dem Hintergrund genetischer Dispositionen und kognitivem Entwicklungsstand vollziehen. Dabei strebt das Kind in diesem aktiven Prozess der Auseinandersetzung immer nach einem Gleichgewicht zwischen dem, was sich in der Umwelt bietet, und dem, was es kognitiv verarbeiten kann. Zur Adaption im Sinne einer Aneignung der Welt greift es dabei neben der konkreten sinnlichen Erfahrung (anschauen, anfassen, ablecken) auf zwei kognitive Strategien zurück, die Assimilation und die Akkommodation. Unter Assimilation versteht Piaget die Anwendung bereits erworbener Denkmuster auf neue Objekte und Situationen. Das erfordert oftmals aber eine Differenzierung

Foto: Harald Neumann

Spielhandlung Verstecken: Das Guck-guck-Spiel gehört dazu

und Umwandlung der Denkmuster, bezeichnet als Akkommodation.

Der Gruppenraum der Kindertageseinrichtung liegt in unmittelbarer Nähe zu einer Kuhweide. Die Kühe sind oft Gegenstand von Beobachtungen oder Gesprächen der Kinder. Auf einem Spaziergang kommen die Kinder an einer Wiese mit Pferden vorbei. Aufgeregt rufen sie: „Muh!" und „Kuh!". Die Pädagogin erklärt: „Das sind Pferde, keine Kühe!" Nach mehreren Wochen, in denen die Pädagogin immer wieder von den Pferden und ihren Eigenschaften erzählt, ruft das erste Kind beim Spazierengehen „Pferd!" als sie an der Pferdeweide vorbeikommen.

Was ist hier passiert? Die Kühe waren den Kindern unter dem Muster „Tier, groß, vier Beine" gut bekannt. Das Wort und Konzept Kuh war mit diesen Merkmalen verknüpft, die aber natürlich auch auf Pferde zutreffen. Die Erklärungen der Pädagogin sowie der wiederholte Kontakt mit den Tieren führten längerfristig zu einer Differenzierung und damit zu einer Umwandlung und Erweiterung der Denkmuster der Kinder, also zur Akkommodation. Die Merkmale, die die Kinder bislang der Kuh zugeschrieben hatten, haben sich so ausdifferenziert, dass sie schließlich zwischen Kühen und Pferden sprachlich/lautlich unterscheiden konnten.

Denkstrukturen passen sich an

Kinder erleben täglich kognitive Konflikte, wenn sie erleben, dass ihre bereits aufgebauten Denkstrukturen nicht ausreichen, um ihre Umwelt zu erfassen und in bzw. mit ihr zu interagieren. Das Kind verfügt z. B. über das Denkschema „Gegenstände kann ich ergreifen und festhalten" und trifft beim Händewaschen vor dem Essen auf den Wasserstrahl am Waschbecken. Dabei macht es die Erfahrung, dass die bewährten Greifschemata von Löffel, Bauklotz, Tasse und Puppe hier nicht ausreichen, um das Wasser festzuhalten. Eine akkommodative Handlung wäre hier, die Handfläche zu wölben, hin zu einer Schöpfbewegung. Das Wechselspiel zwischen Assimilation und Akkommodation sorgt so dafür, dass kognitive Konflikte bewältigt werden können. Diese kognitiven Konflikte beziehen sich nicht nur auf die Ausbildung kognitiver Kompetenzen, sondern auch auf die sozial-emotionale Entwicklung. Der Aufbau verschiedener Denkschemata vollzieht sich bei Kindern insbesondere im spielerischen Erkunden von Gegenständen und Materialien und der Beobachtung und Nachahmung im sozialen Spiel.

3. Das Funktionsspiel: Ich entdecke meine Welt

In den ersten Lebensjahren lassen sich verschiedene Spielformen bei Kindern beobachten. Wie bereits beschrieben entwickeln sich Kinder individuell und nicht alle Fähigkeiten und Fertigkeiten entstehen zur gleichen Zeit. So kann es sein, dass für das eine Kind im Alter zwischen zwei und drei Jahren erste Symbol- und Sprachspiele von besonderer Bedeutung sind, während für ein anderes vor allem Bewegung und die Erprobung der eigenen Körperkraft und Geschicklichkeit im Vordergrund stehen. Dennoch gibt es Spielhandlungen, die sich in unterschiedlichem Maß bei allen Kindern im Kontext von Material- und Umwelterkundung beobachten lassen.
Bereits ab dem Alter von sechs Monaten vollziehen Kinder erste Aktivitäten, die sich als Funktionsspiele (auch Übungs- bzw. Explorationsspiele genannt) beschreiben lassen. Die Kinder setzen sich dabei mit sich, ihrem Körper und mit Gegenständen auseinander, um sich und ihre Umwelt zu erkunden und dabei elementare Erkenntnisse sowohl über die Funktion und Beschaffenheit dieser als auch über erste Ursache-Wirkung-Zusammenhänge zu gewinnen.

Foto: nneiole - Fotolia

Selbstbestimmt Standorte verlegen: Eine Erfahrung, die Kinder beim Transportieren machen

Foto: Harald Neumann

Heute durch die gelbe Brille: Wie sieht die Welt nun aus?

Im Kontext der Early Excellence Centers in Großbritannien wurde in Anlehnung an Piaget das Schemata-Modell entwickelt, in dem verschiedene Verhaltensmuster und Spielhandlungen von Kindern zu einem übergeordneten Schema zusammengefasst werden. Die Identifikation von Schemata innerhalb des kindlichen Spiels durch gezielte Beobachtung dient der adäquaten Förderung des Kindes (Edelmann 2008). Bostelmann (2019) entwickelt auf dieser Basis für den deutschsprachigen Raum sog. elementare Spielhandlungen, die sich bei Kleinkindern im Spiel und in Alltagssituationen beobachten lassen. Sie können dabei helfen, das Tun der Kinder in Alltagssituationen besser zu verstehen und aktuelle Themen bzw. Denkschemata der Kinder hinter ihren Tätigkeiten zu entdecken. Die häufigsten Spielhandlungen werden im Folgenden kurz skizziert.

Verstecken

Eine der ersten Spielhandlungen ist das Verstecken, es macht Kindern viel Spaß und hat nicht nur in der frühen Kindheit eine hohe Bedeutung. Bereits Babys haben große Freude an sog. Guck-Guck-Spielen, wenn der Erwachsene sein Gesicht hinter den Händen verbirgt und diese dann wieder öffnet bzw. sich oder andere hinter Tüchern versteckt. Sobald Kinder mobil sind, entstehen erste Versteckspiele hinter Gardinen oder zwischen den Jacken im Garderobenbereich. Doch die Spielhandlung Verstecken meint nicht nur das typische sich selbst Verstecken, sondern schließt das Verstecken von Gegenständen, z. B. unter Tüchern und Decken oder in Taschen und Dosen, ebenfalls mit ein. Weitere Formen des Versteckens erleben die Kinder in ihrem Alltag, wenn Bezugspersonen z. B. Windeln und Wechselsachen in Schubladen verstauen oder sich Spielmaterialien hinter Türen im Schrank verbergen. So kann man das Aus- und Einräumen von Schränken und Schubladen, das die Kinder selbst gern praktizieren, ebenfalls unter der Perspektive des Versteckens deuten.

Transportieren

Diese Tätigkeit erleben die Kinder zunächst am eigenen Leib: Sie werden zur Kita bzw. Kindertagespflege und wieder nach Hause transportiert, sie werden auf dem Arm getragen und bspw. bei Spaziergängen oder auf dem Weg zum Spielplatz im Boller- oder Kinderwagen gefahren. Aus dieser eher passiven Rolle brechen die Kinder immer wieder aus, wenn sie selbst versuchen, andere Kinder auf den Arm zu nehmen und hochzuheben, oder wenn sie den Kinderwagen selbst schieben wollen. Sie spüren dabei, dass es von ihrer Kraft und ihrem Körpereinsatz abhängt, ob sie etwas (oder jemanden) vom Fleck bewegen können. Wenn sie im Spiel transportieren, machen Kinder die Erfahrung, durch eigene Anstrengung einen Gegenstand von einem Ort zum anderen zu bewegen, wie z. B. den großen Ast auf dem Außengelände oder die Schaumstoffbausteine in der Turnhalle, und damit auch den Raum verändern zu können. Dies hat auch viel mit der basalen Erfahrung von Selbstwirksamkeit zu tun. Puppen- und Lauflernwagen eignen sich dabei genauso als Transportmittel wie große Kisten, die sich schieben lassen, oder Rollkoffer zum Ziehen.

Die Perspektive ändern

Mit dem Transportieren verknüpft ist die Spielhandlung, die Perspektive zu ändern. Indem sie den Raum verändern, z. B. indem sie Dinge von einem Ort zum anderen transportieren, entwickeln Kinder auch Raumperspektiven. Der Raum sieht nach dem Transport von Gegenständen anders aus, außerdem können die Kinder unterschiedliche Dinge sehen, je nachdem, wo sie sich befinden. Der Wunsch, auf den Arm genommen zu werden, drückt also nicht nur ein Bedürfnis nach körperlicher Zuwendung aus, Kinder können in dieser erhöhten Position einen anderen Über- oder besser Ausblick auf den Raum erleben als auf ihren eigenen Füßen. Diese neuen Perspektiven versuchen sie auch selbst und ohne Hilfe der Erwachsenen herbeizuführen, indem sie z. B. auf den Stuhl oder unter den Tisch klettern, durch eine leere Toilettenpapierrolle in den Raum schauen und so nur einzelne Ausschnitte sehen oder sich auf den Boden legen und die Welt aus dieser Position betrachten.

Umzäunen

Ebenfalls mit der Raumperspektive verknüpft ist das Umzäunen. Bei der Eroberung eines Spielraums erkunden Kinder nicht nur den Raum, wie er aus Erwachsenensicht gestaltet ist, sondern schaffen sich auch selbst Räume und geben diesen neue Funktionen. Sie gestalten bspw. Nischen, indem sie sich eine Höhle bauen, sich in Körbe oder Kisten setzen oder mit Kreide erste Begrenzungen malen. Dabei geht es auch um die Kennzeichnung: „Das ist mein Raum, ich bestimme, wer hier drin sein darf und was hier gemacht wird." Die Erfahrung, sich auch (einmal) abgrenzen zu dürfen, über kleine Räume selbst bestimmen zu können und sich selbst Rückzugsmöglichkeiten zu schaffen, ist für Kinder zwischen zwei und drei Jahren wichtig, auch hinsichtlich ihres Erlebens von Selbstwirksamkeit und Autonomie. Besonders gut lässt sich diese Spielhandlung beim sog. Sperre-Spiel beobachten, wenn ein bestimmter Bereich von einem oder mehreren Kindern abgesperrt ist, und man diesen nicht oder nur gegen eine Gegenleistung passieren darf. Eine weitere Variante ist das Spiel „Nicht auf die Striche treten", bei dem Kinder bestimmte Merkmale des Bodens (farbig unterschiedliche Bodenplatten oder Linien) mit Bedeutung belegen und entsprechend den Boden nur in bestimmten Grenzen und nach Regeln betreten.

Die Falllinie untersuchen

Diese Verhaltensmuster, mit dem Kinder die Schwerkraft erforschen, wird in den drei folgenden Spielsituationen deutlich:

Jaron und Milan spielen auf dem Außengelände an der Rutsche. Beide

haben kleine Steine und Kastanien entdeckt, die sie auf die Rutschbahn legen und begeistert zuschauen, wie diese die schiefe Ebene herunterkullern.

Lisa, Jakob und Michelle drängeln sich beim Händewaschen um das Waschbecken. Jeder möchte seine Hand in den fließenden Wasserstrahl halten.

Wie rieselt der Sand? Die Falllinie im Fokus des kindlichen Interesses

Foto: Harald Neumann

Die Kinder beobachten intensiv, wie sich der Wasserfluss verändert, je nachdem, ob sie nur mit einem Finger oder mit der ganzen Hand in den Strahl eintauchen.

Luca und Jolene sitzen im Sandkasten. Beide haben ein Sieb in der Hand, welches sie unablässig füllen. Der Sand rieselt durch das Sieb und landet auf ihren Beinen und Schuhen.

Die Schwerkraft ist ein faszinierendes Phänomen, das Kinder ausgiebig erkunden und erforschen. Dabei geht es nicht nur um die Erkenntnis, dass Gegenstände zu Boden fallen, sondern auch darum, wie sie das tun. Der Löffel, der beim Mittagessen vom Tisch fällt, klingt anders als ein Buch oder ein Spielzeugauto, wenn es auf den Boden trifft. Manche Dinge zerfallen in ihre Einzelteile, andere bleiben ganz. Auf das Herunterfallen mancher Dinge (der volle Becher Milch oder die Glasflasche) reagieren Erwachsene sehr viel deutlicher als auf andere (das Bilderbuch oder der Teddy). Diese unterschiedlichen Falleigenschaften erproben die Kinder immer wieder. Gerade Sand und Wasser bilden dabei perfekte, sichtbare Falllinien, deren Schönheit den Kindern und aufmerksamen erwachsenen Betrachtern ins Auge fällt.

Den Klang der Dinge untersuchen

Wenn Kinder den Klang der Dinge untersuchen, geschieht das über das Hören, aber auch über das Erzeugen von Geräuschen. Das Trommeln mit Händen, Löffeln und Bechern auf dem Tisch, das Schütteln bspw. von Rasseln oder Schlüsselbünden oder auch das Klopfen mit Fingern oder Gegenständen auf unterschiedlichem Material wie auf Holzboden, Teppich oder Fenster erzeugt ganz unterschiedliche Klänge. Die mit der eigenen Stimme produzierten Geräusche wie Schreien, Rufen, Flüstern oder Singen gehören ebenfalls zu dieser Spielhandlung, in der Kinder den eigenen Körper als Klanginstrument erleben. Auch hier machen sie über die Kraft ihrer Stimme Selbstwirksamkeitserfahrungen. Erste musikalische Angebote, z. B. im Rahmen gemeinsamer Morgen- und Abschlusskreise, machen Kinder dabei mit der Welt der Musik vertraut.

Rotation von Dingen untersuchen

Im Kontext von Sing- und Bewegungsspielen im Kreis untersuchen Kinder oft auch die Rotation von Dingen. Sich in der Gruppe im Kreis bewegen oder sich um die eigene Achse drehen, sind zugehörige Grunderfahrungen, die auch mit ersten Erfahrungen der Fliehkraft und des Schwindelgefühls einhergehen. Doch auch sich drehende Gegenstände üben auf Kleinkinder eine große Faszination aus. Der Kreisel, der sich dreht und dabei auf dem Boden bewegt, Räder, die sich drehen und so für Bewegung von Fahrzeugen sorgen, die Spieluhr mit Kurbel, die beim Drehen eine Melodie erzeugt – all das sind Materialien, die den Kindern ermöglichen, sich mit Drehbewegungen und Rotation auseinanderzusetzen.

Verbinden und Trennen

Bspw. wenn sie Gegenstände auf den Boden werfen, machen Kinder die interessante Erfahrung, dass manche Dinge dabei in viele Teile zerfallen. Manche sind dann tatsächlich kaputt und werden entsorgt oder müssen repariert werden, andere lassen sich einfach wieder zusammenfügen. Solche Erkenntnisse werden mit dem Spielschema Verbinden und Trennen bestätigt und vertieft. Einzelne Bausteine lassen sich zu einem Turm stapeln, eine noch festere Verbindung erreicht man über das Zusammenstecken von Stecksteinen. Auch Puzzleteile kann man

Foto: Harald Neumann

Blätter werden zu Nudeln: Im Symbolspiel verfremden Kinder Materialien

miteinander verbinden, genauso wie die Eisenbahn, deren Gleisstücke sich zusammenstecken lassen. Doch nicht nur das Verbinden ist faszinierend, auch das Trennen wird von den Kindern als lustvoll erlebt, z. B. wenn sie einen Turm aus Bausteinen umwerfen oder den Sandkuchen, gerade „gebacken", wieder zermatschen. Die hier skizzierten Verhaltensmuster der Kleinkinder treten nicht immer klar voneinander abgegrenzt auf. Die o. g. Spielsituation, in der Jaron und Milan Steine und Kastanien die Rutsche herunterkullern, könnte man bspw. auch der Spielhandlung zuordnen, mit der Kinder den Klang der Dinge untersuchen. Es geht aber auch nicht in erster Linie um eine genaue Zuordnung von kindlichen Aktivitäten zu bestimmten Verhaltensmustern, das Wissen darum soll vielmehr die Erwachsenenperspektive öffnen – auf

Tipp:

Konkrete Spielmittel, die Sie den Kindern zur Verfügung stellen können, um diese elementaren Spielhandlungen zu initiieren, finden Sie im nächsten Kapitel auf S. 28.

die vielfältigen Erkenntnisse, die die Kinder im Rahmen des Funktionsspiels machen.

4. Das Symbolspiel: Ich schaffe eine neue Welt

Sobald die Kinder im Rahmen des Funktionsspiels ausreichend Wissen über die sie umgebende Welt und ihre Gegenstände gesammelt haben, beginnen sie mit ersten Fantasiespielen. In dieser Spielform geht es also nicht mehr um die Erkundung und Exploration der Gegenstände, stattdessen nutzen die Kinder diese symbolhaft oder auch darstellend (Sujet = Darstellung), um eigene Spielhandlungen zu erschaffen. Zimpel (2011, S. 103) beschreibt in seinem Buch „Lasst unsere Kinder spielen!" das Entstehen erster Symbolspiele (oder auch Als-ob- oder Sujetspiele) als einen wichtigen Entwicklungsschritt: Während zunächst die Auseinandersetzung des Kindes mit der Umwelt vor allem dadurch geprägt war, ein Objekt zu erkennen, seine Funktion zu erschließen und es schließlich auch korrekt zu benennen, verändert sich im Symbolspiel die Denkrichtung. Das Objekt an sich tritt in den Hintergrund und stattdessen wird ein vorgestelltes Objekt betont. Im Alltag sieht das Kind ein Auto, zeigt darauf und benennt es: „Auto". Im Symbolspiel dagegen sagt das Kind: „Auto", nimmt einen Bauklotz und schiebt ihn mit passenden Lauten „brumm, brumm" über den Fußboden. Die Zuordnung von „Gegenstand zu Wort" kehrt sich hier um in „Wort zu Gegenstand".

Das Kind schreibt den Dingen neue Bedeutungen, Aufgaben und Eigenschaften zu.

Dimensionen des Symbolspiels

Es lassen sich drei verschiedene Dimensionen im Symbolspiel beobachten (Völkel 2015, 83 skizziert im Rekurs auf Einsiedler 1999): Die erste Dimension bezieht sich auf die Entwicklung vom selbstbezogenen Spiel hin zur Dezentralisierung. Kleinkinder beziehen ihr symbolisches Spiel zunächst auf sich selbst und führen symbolische Spielhandlungen an sich selbst aus. Das Kind tut z. B. so, als würde es sich mit einem Tuch abtrocknen, sich mit einem Löffel füttern oder mit der Banane in der Hand telefonieren. Nach und nach gelingt es ihm, weitere Akteure in sein Handeln einzubeziehen. Dann trocknet z. B. der vom Kind geführte Teddy die Puppe ab, oder das Kind hält die Banane an das Ohr der Erzieherin, damit sie ebenfalls telefonieren kann.
Die zweite Dimension meint die Entwicklung von kontextabhängigem Spiel hin zu freien, abstrakten und spielmittelunabhängigen Spielformen. Während also zunächst die Banane als Telefon dient, reicht es im weiteren Verlauf der Entwicklung irgendwann aus, nur noch die Hand ans Ohr zu halten und ein Telefonat nachzuspielen. Auch der bereits erwähnte Bauklotz, der mit Brumm-brumm-Geräuschen als Auto seinen Einsatz findet und von seiner Größe und der Handhabung des Hin- und Herschiebens dem eigentlichen Spielzeugauto also noch relativ nahekommt, kann im weiteren Entwicklungsverlauf ersetzt werden durch weniger konkrete Spielmittel wie z. B. Stöcke, Steine oder Muscheln.

Die dritte Dimension bezieht sich auf die Entwicklung einzelner symbolischer Spielhandlungen hin zu einer sog. Sequenzierung, also zu einer Kombination dieser Spielhandlungen zu ganzen Sequenzen bzw. Handlungsabläufen. Das Kind füttert die Puppe also nicht nur, sondern wäscht sie auch und bringt sie ins Bett. Das Bauklotz-Auto schiebt es nicht nur hin und her, sondern fährt es zu einem Ziel, parkt dort, belädt es und schiebt es wieder an einen anderen Ort.

Eigene Themen bearbeiten

Das Symbolspiel ermöglicht Kindern, eigene Entwicklungs- und Beziehungsthemen aufzugreifen und die Erfahrungen, die sie gemacht haben, im Spiel zu be- und verarbeiten. So kann man beobachten, dass Kinder mit ihren Puppen oder Teddys schimpfen („Dudu!“), um sie dann wieder liebevoll in die Arme zu schließen. Wenn Linus beim Frühstück mit Hilfe seiner Banane telefoniert und sagt, dass er mit seiner Mutter spricht, aber protestiert, als die Erzieherin auch mal telefonieren möchte, könnte man dies als eine Bewältigungsstrategie deuten: Er vermisst seine Mutter und kann so zumindest spielerisch Kontakt mit ihr aufnehmen. Gleichzeitig verarbeitet er vielleicht die Erfahrung, dass Erwachsene mit einem echten Telefon telefonieren, er aber noch nicht damit hantieren darf.
Darüber hinaus fördert das Symbolspiel die Entwicklung des abstrakten Denkens, da Kinder schon früh beginnen, nicht zur Verfügung stehende Objekte fantasievoll zu ersetzen und dabei auf innere Repräsentationen dieser Objekte zurückzugreifen. Im Lauf der Entwicklung erproben sie zudem ihre Fähigkeit zur Perspektivenübernahme, indem sie in immer wieder neue Rollen schlüpfen. Auch wenn dies bei Kindern in den ersten drei Lebensjahren noch nicht so ausgeprägt ist wie bei älteren

Foto: Harald Neumann

Ab dem zweiten Lebensjahr spielen Kinder zunehmend gemeinsam

Kindern, lassen sich erste Rollenwechsel durchaus beobachten, z. B. beim Spiel mit einer Puppe: Das Kind füttert die Puppe, übernimmt aber gleichzeitig ihre Rolle, indem es ihre Reaktionen spielt: „Iiieh!“, „Heiss!“ oder „Mhm, lecker!“ Es bietet sich also an, bereits Kleinkindern Spielmittel zur Verfügung zu stellen, die sich für erste Rollenspiele eignen, wie z. B. Verkleidungsmaterialien, Puppen und Stofftiere oder Küchenutensilien.

5. Erstes soziales Spiel: Wir teilen uns die Welt

Im ersten Lebensjahr sind Kinder noch nicht in der Lage, Spielobjekte miteinander zu teilen. Bei der Gestaltung insbesondere von Funktionsspielen, sei es als Schatzkorb (nach Goldschmied / Jackson 1994) oder als Aktionswanne (nach Bostelmann / Fink 2019) sollte man darauf achten, dass jedes Kind sein eigenes Spielmaterial zur Verfügung hat. „Erst wenn das Kleinkind die Welt mit seinem eigenen Körper verstanden hat, ist es in der Lage, die Welt mit anderen Kindern zu teilen“, so beschreibt es ein Zitat aus der Reggio-Pädagogik (zitiert nach Bostelmann 2019, S. 56).

Erste Interaktionen

Dennoch spielen bereits bei diesen frühen Spielformen die Erfahrungen mit anderen Kindern eine wichtige Rolle. Schon zwischen sehr jungen Kindern lassen sich erste Interaktionen beobachten, sie lachen sich zu, versuchen sich körperlich anzunähern und sich zu berühren oder über Laute Kontakt aufzunehmen.
Im sog. Parallel-Spiel spielen Kinder in unmittelbarer Nähe unabhängig voneinander, beobachten sich gegenseitig und ahmen sich evtl. gegenseitig nach. Ab dem zweiten Lebensjahr entstehen zwischen den Kindern zunehmend soziale Interaktionen, wobei auch die Spielobjekte eine Rolle spielen. Diese können sie nun anbieten bzw. überreichen und annehmen oder ablehnen, insbesondere um darüber einen sozialen Austausch zu initiieren. Es geht also nicht um das gemeinsame Spiel mit einem Spielmaterial, sondern um erste Erfahrungen mit gelungenen (oder nicht gelungenen) sozialen Interaktionen mit Gleichaltrigen (Viernickel 2000, S. 122). Dabei konzentrieren sich das gemeinsame Spiel bzw. die sozialen Interaktionen bei Kleinkindern vor allem auf Zweierbeziehungen. Viernickel (2000) weist darauf hin, dass die Kinder bereits im frühen Alter unterschiedliche Beziehungen zu den anderen Gleichaltrigen ausbilden und meist ein oder zwei Kinder ihrer Gruppe als Spielpartner präferieren. Insgesamt spielt die Stabilität der Kindergruppe eine große Rolle für die Qualität des Spiels. Miteinander vertraute Kinder erreichen in ihrem gemeinsamen Spiel eine höhere Komplexität als Kinder, die sich nicht so gut kennen. Wenngleich man bei Kindern unter drei Jahren noch nicht von Freundschaften spricht, da man keine klare Unterscheidung zwischen Freund und Spielpartner machen kann, lassen sich doch zentrale Aspekte von

Foto: Harald Neumann

Eine anregende Umgebung gestalten und dadurch Entwicklungsprozesse optimal begleiten

Freundschaft auch schon in diesen frühen Beziehungen festmachen: Gegenseitige Hilfe, das Teilen von Spielobjekten und Lebensmitteln, erste Formen der Loyalität und erfolgreiche gegenseitige Kontaktversuche gehören dazu. Insbesondere die Kontinuität der Kindergruppe in institutionellen Betreuungssettings kann dazu beitragen, dass die so miteinander vertrauten Kleinkinder ein gemeinsames Wissen darüber haben, „was in ihrer Gruppe mit bestimmten Materialien gespielt wird, welche Kinder bestimmte Spiele ablehnen oder aber besonders einfallsreich spielen oder wie die erwachsene pädagogische Fachkraft auf einzelne, oft wiederkehrende Situationen reagiert" (Völkel 2015, S. 92). Dieses gemeinsam geteilte Wissen führt dazu, dass Kinder schon sehr früh kooperatives Verhalten zeigen und intuitiv erste Perspektivwechsel vornehmen können. So wissen Mia und Dirk voneinander, dass sie gerne mit Bausteinen spielen, sie haben bereits einen ähnlichen Rhythmus von Aktion und Reaktion entwickelt und können so intensiv in ein gemeinsames erstes Konstruktionsspiel eintauchen. Anders als Frederik und Lars, die sich nicht gut kennen, und sich beim gemeinsamen Stapeln der Bausteine in die Quere kommen und sich gegenseitig stören.

6. Das Spiel als Hinweis auf nächste Entwicklungsschritte

Die Gestaltung pädagogischer Interaktionen und Spielangebote und das Ermöglichen erster sozialer Spielformen haben eine hohe Bedeutung für die kognitive und sozial-emotionale Entwicklung von Kindern. Mit welchen Spielmitteln und auch mit welchen Spielpartnern sich Kinder auseinandersetzen, kann Hinweise darauf geben, auf welchen Entwicklungsstufen sie sich befinden und über welche Kompetenzen sie bereits verfügen. Wenn pädagogische Fachkräfte Kinder im Spiel professionell beobachten, richtet sich der Blick zunächst auf die Zone der aktuellen Entwicklung. Beobachtungskriterien haben i. d. R. ihren Fokus auf dem aktuellen Entwicklungsstand des Kindes, darauf, was es selbstständig ausführen, erarbeiten und lösen kann. Sie erfassen die aktuelle kindliche Leistungsrealität. Über die Beobachtung erkennen Pädagoginnen vorhandene Kenntnisse und Kompetenzen, Interessen und Themen. Über Spielbeobachtungen lassen sich aber auch Rückschlüsse ziehen auf die Zone der nächsten Entwicklung nach Wygotski (1987). Diese weist über den Status Quo des aktuellen Entwicklungsstands hinaus auf die Ebene der kindlichen Entwicklungspotenziale. Da sich die Kinder insbesondere im freien Spiel eigene und individuelle Herausforderungen schaffen und versuchen, diese zu bewältigen, lassen sich hier besonders gut Rückschlüsse ziehen darauf, was das einzelne Kind aktuell bewegt und wie es im Sinne des Scaffolding in seinen nächsten Entwicklungsschritten unterstützt werden kann (s. dazu Kapitel I, S. 6). So könnte man Lisa, Jakob und Michelle beim Spielen mit dem Wasserstrahl Becher und Siebe anbieten, um die Falllinie weiter zu untersuchen, selbst mit einer weiteren Banane mit Linus ein Telefongespräch gestalten oder Timo alternative Bewegungsspiele zum Thema Balance anbieten. Basis jeder qualitätsvollen Spielbegleitung ist allerdings auch hier wieder ein responsives Verhalten, um zu erspüren, ob eine Unterstützung von den Kindern gerade überhaupt gewünscht ist, oder ob sie den Spielfluss zwischen den Kindern oder auch zwischen Kind und Spielobjekt eher stören würde.

Buchtipp

Wie Sie Beobachtungen nutzen können, um Kinder in ihrer Entwicklung zu begleiten und ihre Zone der nächsten Entwicklung zu erkennen, lesen Sie im „Kleinstkinder"-Themenheft:

Beobachten & Dokumentieren

Verlag Herder 2018

Literatur

Bostelmann, A.: Das Spiel der Kleinkinder. Frühes Lernen verstehen, begleiten und fördern. Berlin: Bananenblau 2019

Bostelmann, A. / Fink, M.: Elementare Spielhandlungen von Kindern unter 3. Berlin: Bananenblau 2013

Dornes, M.: Der kompetente Säugling. Frankfurt am Main: Fischer 1999

Edelmann, K.: „Schemas". Frühkindliche Verhaltensmuster als Ausgangspunkt sozialpädagogischen Handelns. Norderstedt: GRIN 2008

Einsiedler, W.: Das Spiel der Kinder. Bad Heilbrunn: Klinkhardt 1999

Goldschmied, E. / Jackson, S.: People under Three. Young Children in Day Care. London: Routledge 1994

Hurrelmann, K. / Bauer, U.: Einführung in die Sozialisationstheorie. Weinheim: Beltz 2015

Piaget, J.: Psychologie der Intelligenz. Stuttgart: Klett-Cotta 2000

Viernickel, S.: Spiel, Streit, Gemeinsamkeit. Einblicke in die soziale Kinderwelt der unter Zweijährigen. Landau: Empirische Pädagogik 2000

Völkel, P.: Entwicklung, Lernen und Förderung der Jüngsten. Kinderstärken Bd. 2. Stuttgart: Kohlhammer 2015

Wygotzky, L.: Ausgewählte Schriften, Bd. 2. Berlin: Volk und Wissen 1987

Zimpel, A. F.: Lasst unsere Kinder spielen! Göttingen: Vandenhoeck & Ruprecht 2011

Welches Spielzeug brauchen Kinder?

Foto: Harald Neumann

Was ist das eigentlich: Spielzeug? Und was macht gute Spielmaterialien aus? Lesen Sie hier, wie Sie eine anregende und vielfältige Auswahl treffen.

von Julia Höke

1. Spielzeug – Versuch einer Systematik

Wer mit jungen Kindern draußen unterwegs ist, dem fällt es besonders auf: Kinder unter drei Jahren finden erst einmal alles interessant, was sie um sich herum finden. Eine Nuss, ein Stock, Steine, Blätter aus einem Blätterhaufen, Blumen oder Grashalme – alles nehmen sie in die Hand, begutachten es intensiv, probieren es gerne auch und befinden es meist für „mitnahmewürdig". Viele Dinge, egal ob sie in der Natur zu finden sind oder extra für Spielprozesse hergestellt wurden, üben auf Kleinkinder einen unwiderstehlichen Reiz aus und regen zur Untersuchung an. Sie eignen sich aus Kindersicht zum Spielen. Gerade in den elementaren Tätigkeiten des Mitnehmens und Nutzens von Dingen machen die Kinder wichtige Erfahrungen: Ich kann den großen Stock von hier bis zur nächsten Straßenecke tragen, ich kann den Stein ein Stück werfen, ich kann die Nuss unter einem Blätterhaufen verstecken. Sie lernen: Ich kann die Welt um mich herum gestalten und verändern.

Doch die Auseinandersetzung mit den Dingen geht über die Erfahrung von Gestaltbarkeit hinaus, denn ein „Kleinkind untersucht die Welt, indem es mit ihr spielt" (Bostelmann / Fink 2017, S. 4). Im Spiel verändert also nicht nur das Kind die Dinge, sondern die Dinge verändern auch das Kind. Bereits in den 1920er Jahren führte Kurt Lewin den Begriff des „Aufforderungscharakters" ein, der darauf hindeutet, dass Menschen sich nicht in einer neutralen, sondern in einer stimulierenden Umwelt befinden, die sie lockt, motiviert und anregt, etwas mit ihr zu tun (Lewin 1982, S. 64). „Die Dinge schlagen für Kinder Brücken zu anderen Menschen, aber auch zu ihrem Körper, seinem Begehren und seinen Wünschen" (Schlachtner 2014, S. 14). Die Auseinandersetzung mit verschiedenen Materialien und die vielfältigen Erfahrungen, die Kinder in dieser Auseinandersetzung machen, sind also nicht nur wichtig für die kognitive Entwicklung und Bildung, sondern wirken sich auch auf ihre Identitätsentwicklung aus.

So stellt sich die Frage, welche Materialien sich für Kleinstkinder besonders eignen, um Spielhandlungen anzuregen. Angesichts des großen Markts an industriell hergestelltem Spielzeug fällt dabei die Auswahl nicht leicht. Ebenso ist es eine Herausforderung, Spielmaterialien in verschiedene Kategorien zu ordnen. Renner schlägt in seinem Klassiker „Spieltheorie und Spielpraxis – Ein Lehrbuch für pädagogische Berufe" (Renner 2010, S. 187) folgende Systematik vor, um sich dem Thema anzunähern:

Systematik von Spielmitteln

Als Oberbegriff spricht er von Spielmitteln, die aus seiner Sicht alle Gegenstände umfassen, mit denen Menschen Spielhandlungen vollziehen können. Diese unterteilt er in drei Kategorien.

- **Spielmaterial** ist sowohl zu Hause als auch in pädagogischen Institutionen im Alltag verfügbar, aber nicht ausdrücklich zum Zweck des Spiels hergestellt worden. Dazu zählen Sand und Wasser, Papier und Farbe, Wolle und Stoff, aber auch Naturmaterialien wie Nüsse, Muscheln, Tannenzapfen etc.
- **Spieldinge** sind Gegenstände, die ebenfalls im Alltag verfügbar sind, ohne dass sie ursprünglich zum Spielen angeschafft wurden. Gemeint sind damit (meist abgelegte) Alltagsgegenstände wie Werkzeuge zum Handwerken und Kochen, Einrichtungsgegenstände wie Spiegel, Möbel, Decken und Kissen oder auch abgelegte Kleidungsstücke und Accessoires wie Schirme und Taschen.

- **Spielzeug** umfasst alle Gegenstände, die zweckgebunden zum Spielen hergestellt wurden. Diese Kategorie umfasst dabei große Spielgeräte auf dem Außengelände wie Rutschen oder Schaukeln, aber auch bewegliche Gegenstände, z. B. Fahrzeuge und Bälle, sowie die Gegenstände, an die man aus Erwachsenenperspektive oft zuerst denkt, wenn von Spielmaterial die Rede ist: Puppen, Spielzeugautos, Bauklötze und Konstruktionsmaterial.

Anhand dieser Einteilung können pädagogische Fachkräfte überprüfen, ob sich das konkrete Angebot in der eigenen Kita ausgewogen über alle drei Kategorien verteilt oder ob eine Kategorie überproportional vertreten ist.

2. Spielmittel aus Kindersicht

Aus der Kategorisierung von Renner lassen sich keine Aussagen darüber ableiten, warum manche Gegenstände auf Kinder eine unwiderstehliche Anziehungskraft ausüben, während sie andere kaum nutzen und umgekehrt. Schließlich kann man bereits bei kleinen Kindern Vorlieben für bestimmte und Abneigungen gegen andere Spielbeschäftigungen beobachten. An dieser Stelle hilft der Begriff der Valenz weiter, der von Oerter (1999) geprägt wurde und die Wertigkeit eines Gegenstands beschreibt. Zum einen gibt es Gegenstände mit einer subjektiven Valenz, also Gegenstände, die für das einzelne Kind eine hohe Bedeutung haben. Es gibt Gegenstände, die für das Kind eine langfristige subjektive Valenz haben, dazu zählen der Kuschelteddy oder das Schmusetuch, der Schnuller oder das Lieblingsbilderbuch. Darüber hinaus erhalten aber auch manche Gegenstände eine eher kurzfristige subjektive Valenz, solche die aus Kindersicht attraktive Beschäftigungen ermöglichen. Das können der liegengebliebene Kuli am Erziehertisch, die große Bauklotzkiste oder ein Bilderbuch sein, das auf dem kleinen Holzregal ausgestellt ist. Das Kind hält an diesen Gegenständen fest und nimmt sie für einige Zeit „in Besitz". Wie stark dieses Festhalten sein kann, kann eine pädagogische Fachkraft sehr deutlich erfahren, wenn sie versucht, den besagten Kuli wieder selbst zu nutzen. Die subjektive Valenz (also der momentane persönliche Wert) eines Gegenstands kann sich insbesondere daran festmachen, dass mit diesem Gegenstand gerade schon ein anderes Kind beschäftigt ist. Sie ist grundlegend für das Handeln und Hantieren mit Gegenständen, kann gerade bei jungen Kindern deshalb aber auch ein Hemmnis sein für die gemeinsame Interaktion und Kommunikation im Spiel. Dann nämlich, wenn das gemeinsame Spiel mit einem Gegenstand, diesen also zu teilen und nicht nur allein zu benutzen, noch nicht möglich ist. Allerdings entwickelt sich über das Spiel (wenn es nebeneinander mit ähnlichen oder gleichen Gegenständen, aber unabhängig voneinander stattfindet) bei den Kindern auch eine objektive Valenz von Gegenständen. Mit objektiver Valenz ist gemeint, dass Gegenstände auch jenseits der subjektiven Valenz Funktionen haben, die für alle ersichtlich und kulturell festgelegt sind. Durch die Beobachtung der anderen Kinder, die mit ähnlichen Gegenständen spielen, kann Jonas (s. Kapitel II, S. 16) bspw. die Erfahrung machen, dass man den Baustein nicht nur als Telefon benutzen kann, sondern ihn mit weiteren stapeln oder aneinanderlegen kann. Während Mia, Luca und Sophie im Sandkasten voneinander unabhängig mit ihren Schippen buddeln und Förmchen füllen, beobachten sie gegenseitig ihre unterschiedlichen Techniken und ahmen sich dabei nach. Die subjektive Valenz der einzelnen Schippe und des einzelnen Förmchens wird also angereichert durch die objektive Valenz, was man alles mit Schippen und Förmchen tun kann.

Foto: Harald Neumann

Im Spiel erweitern Kinder auch ihre motorischen Kompetenzen

Spielzeug: Spiegel der gesellschaftlichen Verhältnisse

Jenseits der subjektiven Valenz von Gegenständen aus Kindersicht schreiben auch Erwachsene Spielgegenständen eine unterschiedliche Wertigkeit zu, indem sie die Auseinandersetzung mit dem einen Spielmittel als sinnvoller, bedeutsamer und wichtiger einschätzen als die Auseinandersetzung mit einem anderen Spielmittel. Die Diskussion um „gutes Spielzeug" und insbesondere die industrielle Produktion von Spielwaren ist dabei immer auch ein Spiegel gesellschaftlicher Verhältnisse, der Perspektive auf Kinder und des Bildes einer „guten Kindheit". So hieß es in der ursprünglichen Fassung von Fallerslebens bekanntem Kinderlied „Morgen kommt der Weihnachtsmann" von 1835 in der ersten Strophe: „Morgen kommt der Weihnachtsmann, Kommt mit seinen Gaben, Trommel, Pfeife und Gewehr, Fahn und Säbel und noch mehr, Ja ein ganzes Kriegesheer, Möcht' ich gerne haben". Der Kriegsspielbezug wurde erst von Hilger Schallehn nach der Erfahrung zweier Weltkriege aus dem Lied entfernt und umgedichtet. Im Zuge der Wirtschaftswunderjahre ab 1950 erlebte LEGO mit seinem Konstruktionsspielzeug im Rahmen des Wiederaufbaus von Deutschland eine besondere Konjunktur.

Der heutige Spielwiesenmarkt

Heute erleben wir bei den industriell hergestellten Spielwaren gerade für junge Kinder zum einen eine hohe Technisierung (alles blinkt, macht Musik und Geräusche, spricht mit dem Kind) und zum anderen einen starken Bezug zum Thema Lernen - kaum ein Spielzeugtelefon, -auto oder sprechendes Bilderbuch kommt ohne Thematisierung von Zahlen, Farben, Formen und Buchstaben aus. Suggeriert wird, dass dabei schon die Jüngsten erste Buchstaben-Laut-Zuordnungen erfassen oder Zahlen und Mengen erlernen, wenn das Spielzeugtelefon z. B. singt „Ef - Fische" oder „Drei - Dreieck". Auch bei den großen Brettspielherstellern gibt es mittlerweile eigene Spielreihen für die Jüngsten, die man so an erste Regelspiele heranführen möchte - immer unter der Prämisse, dass die Auseinandersetzung mit den Spielen für die Kinder kognitiv und sozial-emotional förderlich ist. Eine weitere Komponente ist ein Wiedererstarken geschlechtsspezifischen Spielzeugs. Während sich die Geschlechterrollen innerhalb der Gesellschaft immer mehr annähern und die klassische Rollenaufteilung aufweicht, vollzieht sich auf dem Spielwarenmarkt ein Prozess der Separierung. Ausdrücklich gibt es nun wieder Produkte, die explizit für Mädchen oder für Jungen vorgesehen sind bzw. das baugleiche Produkt in zweifacher Ausfertigung mit geschlechtstypischer Farbgebung.

Kontaktprozessmodell: Das Kind und die Spielmittel

In ihrem Buch „Die Spielsache im Spannungsfeld zwischen Spielmittel und Spielware" (2015, S. 80-81) überträgt Keppner das Kontaktprozessmodell von Dreitzel (1992) auf Spielmittel. Dieses Modell, das ursprünglich aus der Gestalttherapie stammt, teilt die Auseinandersetzung des Kindes mit Gegenständen im Spielprozess in vier Phasen:

1. Zunächst befindet sich das Kind in einem Vorkontakt. Das Bedürfnis des inneren Spieldrangs des Kindes trifft auf die Umwelt-Reize der vorhandenen Spielmittel, auf die subjektive Valenz der einzelnen Gegenstände.
2. In einer Phase der Orientierung und Umgestaltung konkretisieren sich nun die Interessen des Kindes, es sucht passende Spielmittel zur Befriedigung des Spieldrangs zusammen und schiebt andere als aktuell uninteressant beiseite und blendet sie aus.
3. In der nun folgenden Phase entfaltet sich zwischen Kind und Gegenstand der Spielprozess im Sinne einer Integration oder auch eines Vollkontakts. Das Kind taucht ein in eine eigene Spielwelt und geht in seiner Tätigkeit auf, es vergisst Raum und Zeit um sich und konzentriert sich nur noch auf die Aktivität.
4. Schließlich endet der Spielprozess in einer Phase des Nachkontakts. Nach der Anspannung während der intensiven Spielphase folgt nun die Entspannung, die Konzentrationsfähigkeit ist erschöpft, es stellt sich ein Gefühl der Zufriedenheit ein. Zu beobachten ist dies z. B., wenn ein Kind den Turm aus Bauklötzen oder die nun schlafende Puppe, das Chaos aus Spielfiguren und Karten nach dem Ausräumen und Begutachten eines Brettspiels oder die schmutzigen Finger nach einem intensiven Matsch- und Sandelprozess betrachtet. Im Sinne der Assimilation integriert das Kind in dieser Phase die neuen Selbst- und Welterfahrungen, die es im Spiel gewonnen hat, in seine bisherigen Erkenntnisstrukturen.

Das Kontaktprozessmodell wird nicht grundsätzlich mit allen vier Phasen vollständig durchlaufen. Manchmal unterbrechen Störungen von außen den Ablauf. Zum anderen ermöglichen aber auch nicht alle Spielmittel eine solch intensive Form des

Fotos: Pixabay, chokniti – Fotolia

Wolle (Spielmaterial), Kochtopf (Spielding) oder Bausteine (Spielzeug): Die Mischung macht's!

Kontakts. Vor diesem Hintergrund werden im Folgenden verschiedene Auswahlkriterien für Spielmittel im U3-Bereich vorgestellt.

3. Auswahlkriterien für Spielmittel

Was macht ein gutes Spielmittel aus? Wer vor der Qual der Wahl steht, ist mit dieser Frage oft überfordert. Bei der Entscheidung können folgende Kriterien helfen:

Offenheit

Ein zentrales Kriterium für die Qualität von Spielmitteln, welches die meisten Kindheits- und Spielzeugforscher teilen, ist die Offenheit für verschiedene Verwendungsmöglichkeiten. Die Funktionen sollten wenig vorgegeben und eine kreative Nutzung möglich sein. Bei dem, was Renner (2008) unter Spielmaterial fasst, ist dies automatisch gegeben: Spielmittel wie Kartons, Papier- und Stoffreste, Sand und Naturmaterialien lassen sich auf vielfältige Weise einsetzen. Kinder können bspw. Muscheln im Topf der Spielküche als Kartoffeln kochen, sie aber auch befühlen, werfen und im Sand oder Wasser vergraben bzw. versenken. Sie können Muscheln sortieren oder sie in einem Becher schütteln und interessante Geräusche erzeugen. Sowohl Spieldinge als auch Spielzeug haben dagegen zunächst gerade aus Erwachsenenperspektive eine spezifische Funktion, die vorgibt, wie man sie im Alltag nutzt. Doch auch dabei kann eine große Offenheit gegeben sein. Aus Bauklötzen oder anderem Konstruktionsmaterial kann ein Turm, ein Bauernhof, ein Flugzeug oder ein Auto entstehen. Gerade junge Kinder zweckentfremden Gegenstände häufig, z. B., wenn Jonas den Bauklotz als Telefon nutzt, oder Luisa die Holzscheiben, die eigentlich zu einem Memo-Spiel gehören, zu einem Turm stapelt. Fantasie und Vorstellungskraft helfen also insbesondere Kleinkindern, Gegenstände vielfältig zu verwenden. Mit einem kritischen Blick können Fachkräfte die bereitgestellten Spielmittel prüfen, ob sie an bestimmten Stellen die Offenheit einschränken. Das Spielzeugauto, das z. B. nicht nur auf Knopfdruck, sondern beständig von alleine Geräusche macht oder ein Lied oder Text abspielt, steuert die Interaktion zwischen Kind und Gegenstand in viel stärkerem Maß als ein Spielzeugauto ohne diese Funktionen. Gerade diese Steuerung der Interaktion durch den Gegenstand selbst kann sich störend auswirken auf die Beschäftigungsintensität in Phase drei des oben skizzierten Kontaktprozessmodells.

Intensität

Ein weiteres wichtiges Kriterium für die Beurteilung von Spielmitteln liegt in der Intensität der Auseinanderset-

Foto: Harald Neumann

Kuscheltiere haben eine große subjektive Bedeutung

zung, die es ermöglicht. Diese lässt sich jedoch immer erst dann feststellen, wenn das Spielmittel bereits im Raum bereitsteht und die Pädagogin durch Beobachtungen feststellen kann, ob und wann das Kind dem Gegenstand eine subjektive Valenz zuspricht und mit ihm in eine intensive Auseinandersetzung geht.

Sinneserfahrungen

Bevor Pädagoginnen Spielmittel besonders für kleine Kinder bereitstellen, lohnt es sich zu prüfen, ob die Spielmittel vielfältige Sinneserfahrungen ermöglichen. Das Wahrnehmen und Begreifen von Material und die Einordnung in die kindliche Welt ist ohne Zweifel eine zentrale Entwicklungsaufgabe in den ersten drei Lebensjahren. Unter Einsatz des Körpers und aller Sinne (sehen, hören, riechen, schmecken, tasten und fühlen) machen die Kinder grundlegende Erfahrungen, die zentral sind für den weiteren Aufbau ihrer Kompetenzen. Z. B. folgende Spielmittel regen die Sinneswahrnehmung an:

- **Spielmittel zur visuellen Erkundung** laden zum Erforschen anderer Gegenstände ein: Spiegel, Lupen, Kaleidoskope, Sonnenbrillen, Taschenlampen und bunte Folie regen dazu an, die Welt und sich durch andere Augen zu sehen oder einen besonderen Fokus zu setzen, indem man etwas im wahrsten Sinn des Wortes beleuchtet.
- **Klang- und Geräuschmaterial** fördert die natürliche Freude am Klang, an Geräuschen und Rhythmus. Töne aller Art können Kinder selbst entdecken. Spielmittel können hier sowohl Rasseln (z. B. mit unterschiedlichen Materialien gefüllte Flaschen), Glocken und Schellen sowie erste Instrumente wie Klangstäbe, Kastagnetten, einfache Flöten und eine Mundharmonika oder die Kugelbahn sein.
- Die Sinne **Riechen und Schmecken** werden im Kita-Alltag insbesondere zu den Mahlzeiten angesprochen. Im Kontext der Diskussion um den „Bildungsort Esstisch“ sollten Pädagoginnen Kindern hier ausreichend Raum geben, nicht nur das Bedürfnis nach Nahrungsaufnahme zu erfüllen, sondern auch mit unterschiedlichen Geschmäckern und Gerüchen zu experimentieren.

Foto: Harald Neumann

Ein zentrales Kriterium für gute Spielmittel ist, dass Kinder sie unterschiedlich verwenden können

Spielmittel für elementare Spielhandlungen

Elementare Spielhandlung	Passende Spielmittel
Verstecken	Sich selbst verstecken: Decken, Tischtücher, Kissen, Kriechtunnel, Vorhänge, Rückzugsbereiche Dinge verstecken: Taschen, Tücher, Dosen mit Deckel, Versteckmöglichkeiten in Sand, Bohnen, Kastanien etc.
Transportieren	Transportwerkzeuge: Beutel, Taschen, Kisten, Kartons, Körbe, Koffer; Töpfe, Kuchenformen, Siebe; Bollerwagen, Puppenwagen; Fahrzeuge zum Beladen; Rollbretter Dinge zum Transportieren: Spielfiguren, Spielzeugautos, Kuscheltiere, Kissen, Bausteine, Sand, Muscheln, Schneckenhäuser, Nüsse, getrocknete Kürbisse, Kieselsteine (im Prinzip alles, was eine geeignete Größe hat, um transportiert werden zu können)
Die Perspektive ändern	Die eigene Raum-Lage-Beziehung verändern: Podeste, Hochebenen, Pickler-Dreieck, Hocker Welt-Ausschnitte betrachten: Wandspiegel, Pappröhren, Fernglas, Lupe
Umzäunen	große Kartons und Kisten zum Hineinklettern, Körbe, die genug Platz zum Sitzen bieten, Schaumstoffbausteine, Decken und Tücher, Kreide
Die Falllinie untersuchen	Sanduhr, Wasserpumpe, Gießkanne, Murmelbahn, Flaschen mit Wasser und (Glitzer)-Sand, Schläuche
Den Klang der Dinge untersuchen	Rasseln (gekauft und selbstgebaut), Glocken und Schellen, erste Instrumente wie Klangstäbe, Kastagnetten, Flöte, Mundharmonika, Xylofon, Kugelbahn
Die Rotation von Dingen untersuchen	Kreisel, Räder, Fahrzeuge wie Autos und Roller, rotierende Scheiben, Spulen, Verschlüsse, die sich mit einer Drehbewegung öffnen
Verbinden und Trennen	Papprollen unterschiedlicher Größe zum Ineinanderstecken, Stapelbecher, unterschiedliche Arten von Bausteinen, Schrauben und Schraubverschlüsse, große Knöpfe und Reißverschlüsse, Wäscheklammern, Sandkuchen backen

Tabelle nach Bostelmann (2019); ergänzt um weitere Spielmittel

Tipp:

Integrieren Sie die Spielmittel in Angebote mit sog. Aktionswannen, dem Schatzkorb oder dem heuristischen/entdeckenden Spiel.

Achtung: Sicherheit beachten!

Neben der Auswahl von Spielmitteln aus pädagogischer Sicht spielen natürlich Kriterien der Sicherheit ebenfalls eine wichtige Rolle. Gerade Kinder unter drei Jahren können Gefahren nicht überblicken und sich auch nicht immer selbst aus misslichen Lagen befreien. Insbesondere die Verschluckungsgefahr ist groß, da die Kinder Gegenstände gerne mit dem Mund erkunden. So müssen Pädagoginnen die Spielumgebung, insbesondere bei der Verwendung von Naturmaterialien und Alltagsgegenständen, immer wieder sorgfältig hinsichtlich gefährlicher Kleinteile überprüfen. Doch nicht nur das Verschlucken stellt eine Gefahr dar. Alltagsmaterialien wurden ursprünglich nicht für Kinderhände produziert und sind dementsprechend nicht auf mögliche Risiken überprüft worden. Schneebesen, Schirme, Taschenverschlüsse etc. können schadhafte Stellen und spitze Ecken haben oder die Gefahr bergen, sich darin einzuklemmen. Gegenstände wie Tücher und Schals sollte man nur unter enger Beaufsichtigung anbieten, da die Gefahr des Strangulierens besteht.

Sicherheitsnormen

Industriell gefertigtes Spielzeug muss für den Verkauf in Deutschland den EG-Richtlinien zur Spielzeugsicherheit und entsprechenden Sicherheitsnormen genügen, die zum Schutz vor Unfällen, Verletzungen und anderen Gesundheitsgefährdungen dienen. Die normgerechte Ausführung des Spielzeugs wird seit 1990 vom Spielwarenhersteller durch ein CE-Zeichen am Spielzeug oder auf der Verpackung garantiert. Spielzeug ohne dieses Zeichen kommt auch als Import nicht mehr auf den Markt. CE und alle anderen Sicherheitskennzeichnungen sind aber keine Qualitätsgarantie. Sie betreffen nur die in den Normen festgelegten Sicherheitsanforderungen. Zudem besteht auch bei industriell gefertigtem Spielzeug, welches in der Kita von Hand zu Hand wandert, immer die Gefahr, dass Teile kaputtgehen, abbrechen oder sich lösen. Kleinkinder entwickeln gelegentlich erstaunlich viel Geduld und Kraft, um z.B. vom Spielzeugauto die Plastikbereifung abzuknibbeln oder abzubeißen. Die Sicherheit der Spielmittel und der sichere Umgang mit ihnen hängen also immer auch von der Kontrolle des Materials und der Beobachtung, Anleitung und Beaufsichtigung der spielenden Kinder durch die pädagogischen Fachkräfte ab.

Darüber hinaus lassen sich junge Kinder kaum davon abhalten, Gegenstände auch mit Mund und Zunge zu erkunden. Doch es kann auch gezielte Angebote geben, die die Kinder dazu anregen, sich besonders auf den Geschmack und Geruch zu konzentrieren, z. B. bei der gemeinsamen Zusammenstellung eines Obst- und Gemüsetellers für den Nachmittagssnack, das Zerreiben und Riechen von Blättern und Kräutern oder das Spielen mit einem duftenden Schaumbad.

- **Der Tastsinn** entwickelt sich als erstes sensorisches System bereits im Mutterleib und ist das umfangreichste Sinnesorgan. Wichtig ist, sich nicht ausschließlich auf die Hände zu konzentrieren und nicht nur Spielmittel anzubieten, die auf die Entwicklung der Feinmotorik abzielen. Vor allem für junge Kinder sind vielfältige Körpererfahrungen entscheidend, um ihr Körperschema zu entwickeln. Erfahrungen von Berührung, Temperatur und Druck beziehen sich also nicht nur auf die Hände, sondern auf den ganzen Körper: beim Barfußlaufen über Teppich, Sand, Gras und Steine, in Pflegesituationen beim Streicheln und Kitzeln mit Federn, Pinseln und Bürsten aller Art an Armen und Beinen, beim Kämmen der Haare sowie gezielten Matsch- und Malangeboten mit Wasser, Rasierschaum, Sand, Fingerfarbe und Knete.

Soziale Interaktionen

Insbesondere für Kinder ab zwei Jahren sollten Pädagoginnen Spielmittel anbieten, die auch soziale Interaktionen zwischen den Kindern fördern, da ihre Kompetenz wächst, mit anderen Kindern zu spielen und zu kooperieren. Erste Kleidungsstücke zum Verkleiden wie Taschen, Hüte und Brillen bspw., ein Bollerwagen, in dem man sich gegenseitig schieben oder ziehen kann, Hand- und Fingerpuppen, ein Spielzeugtelefon, aber auch Küchenutensilien, Besen und Handfeger sowie Bälle können zu einem kooperativen Sozialspiel führen.

4. Räume und Materialien spielfreundlich gestalten

Gut ausgewählte Spielmittel dienen den Kindern nur, wenn diese für die Kinder auch zugänglich sind, damit sie im Sinne des Kontaktphasenmodells Gelegenheit haben, eine Auswahl zu treffen und mit verschiedenen Mate-

Foto: Harald Neumann

Spielmittel wie eine bunt gefüllte Verkleidungskiste erleichtern es Kleinkindern, miteinander in Kontakt zu treten

rialien zu explorieren. Dafür müssen diese gut und kindgerecht gekennzeichnet sein, sodass die Kinder sich zurechtfinden und so früh wie möglich wissen, wo sie selbstständig welche Dinge holen können. Geeignet sind durchsichtige Kisten, bei denen sofort erkennbar ist, was sich darin befindet. Alternativ kann man auch Fotos des Kisteninhalts außen anbringen oder Symbole entwickeln, die für die Kinder verständlich sind.

Nischen und Rückzugsräume im Gruppenraum begünstigen die intensive Auseinandersetzung mit den Spielmitteln. Eine klare (Raum-) Struktur ermöglicht es den Kindern, selbstgesteuert und eigenaktiv für die Befriedigung des eigenen Spieltriebs zu sorgen (Crowther 2005). Gleichzeitig kann man bereits bei der Raumplanung dafür sorgen, dass ruhige und laute Spielorte eher getrennt voneinander liegen und die Kinder sich in ihren Spielprozessen so weniger stören.

Die unterschiedlichen Spielmittel sollten in einer Menge vorhanden sein, die paralleles, unabhängiges Spiel mehrerer Kinder ermöglicht, ohne die Kinder in der Menge und Auswahl zu überfordern. Ob die „richtige“ Menge vorhanden ist, stellen Fachkräfte am besten über regelmäßige Beobachtungen der Kindergruppe fest: Gibt es häufig Auseinandersetzungen um bestimmte Spielmittel wie Bausteine, Spielzeugfiguren und -autos? Das kann darauf hindeuten, dass sie nicht in ausreichender Menge zur Verfügung stehen. Haben die Kinder Schwierigkeiten, sich im Raum zu orientieren und aktiv auf Material zuzugehen? Es lohnt sich, den Raum aus Kinderperspektive wahrzunehmen (sich also z. B. in Augenhöhe der Kinder den Raum aus verschiedenen Positionen anzuschauen) und zu prüfen, ob die Vielfalt des Materials Kinder überfordert oder die Ordnung der Spielmittel für die Kinder nicht verständlich ist.

Ordnung der Spielmittel und erste Aufräumrituale

Die meisten Kitas und Kindertagespflegestellen beginnen schon bei sehr jungen Kindern mit Aufräumritualen. Durch ein akustisches Signal oder ein Aufräumlied erleben die Kinder, dass nun ein neuer Abschnitt im Tagesverlauf beginnt und die Spielzeit endet. Wenn die Kinder mit diesem Ritual vertraut sind, übernehmen auch schon junge Kinder erste Aufgaben und machen die wichtige Erfahrung, dass die sie umgebenden Dinge eine bestimmte Ordnung und einen bestimmten Platz im Raum haben. Voraussetzung dafür ist, dass die pädagogischen Fachkräfte ein Konzept für die Aufbewahrung der Materialien entwickelt haben, das sowohl für die Kinder als auch für die Fachkräfte einsichtig ist und sich nicht ständig verändert. Die Bilderbücher kommen z. B. immer in ein bestimmtes Regal, die Bausteine in eine große Kiste und die Kuscheltiere auf den Sessel. Gleichzeitig bietet es sich an, Spielmittel, die thematisch zusammengehören und oft gemeinsam verwendet werden, auch in räumlicher Nähe aufzubewahren. Die Kiste mit den Bauklötzen steht also neben der Box mit der Holzeisenbahn, dem Korb mit den Spielzeugautos und den Spielfiguren. Auch hier erleichtert es den Kindern das selbstständige Aufräumen, wenn die Aufbewahrungskisten angemessen bebildert oder durchsichtig sind.

Während des Spielprozesses allerdings sollten Kinder die Möglichkeit haben, Spielmaterialien aus unterschiedlichen Bereichen zu mischen, auch wenn das den Aufwand des Aufräumens erhöht. Dies entspricht der zweiten Phase des bereits skizzierten Kontaktprozessmodells, in der die Kinder sich in der Vielfalt der zur Verfügung stehenden Spielmittel orientieren und eine Auswahl treffen. Diese Phase der Orientierung sollte man nicht durch ein bestehendes Ordnungssystem einschränken. So wird aus dem Topf der Spielküche ein Stall für Tiere oder eine Garage für Autos.

Der Tagesablauf bei jungen Kindern sollte einem festen Rhythmus folgen, denn das bietet Sicherheit und Orientierung. Doch es ist wichtig, diesen immer wieder im Team zu reflektieren: Sind die Freispielzeiten für die Kinder angemessen lang? Besteht also im Sinne des Kontaktprozessmodells ausreichend Zeit sowohl für die Phase der intensiven Auseinandersetzung als auch des Nachklangs, oder müssen die Kinder immer wieder aufgrund der Tagesstruktur zu früh aus ihren Spielprozessen herausgerissen und gestört werden?

Pädagogische Fachkräfte können also auch über die Raumgestaltung, die Art, in der sie Spielmittel bereitstellen, und über die Gestaltung des Tagesablaufs das eigenständige Handeln der Kinder positiv beeinflussen.

Literatur

Bostelmann, A.: Das Spiel der Kleinkinder. Frühes Lernen verstehen, begleiten und fördern. Berlin: Bananenblau 2019

Bostelmann, A. / Fink, M.: Elementare Spielhandlungen von Kindern unter 3. Berlin: Bananenblau 2013

Crowther, I.: Im Kindergarten kreativ und effektiv lernen – auf die Umgebung kommt es an. Weinheim u. Basel: Beltz 2005

Dreitzel, H.-P.: Emotionales Gewahrsein. München: DTV 1992

Lewin, K.: Psychologie der Entwicklung und Erziehung. In: Graumann, C.-F. (Hrsg.): Kurt-Lewin-Werkausgabe. Bern/Stuttgart: Huber 1982, S. 41-480

Keppner, M.: Die Spielsache im Spannungsfeld zwischen Spielmittel und Spielware. Münster: Waxmann 2015

Renner, M.: Spieltheorie und Spielpraxis. Freiburg im Breisgau: Lambertus 2008

Schlachtner, C.: Kinder und Dinge. Bielefeld: Transcript 2014

Oerter, R.: Psychologie des Kinderspiels. Weinheim u. Basel: Beltz 1999

Foto: Harald Neumann

Aufmerksame Beobachtung ermöglicht, das Materialangebot individuell anzupassen

Wollen wir gemeinsam spielen?

Foto: Harald Neumann

Spiel ist ein Kinderrecht und betrifft jedes Kind, unabhängig von individuellen Einschränkungen.

von Antje Grübnau

Auch Kinder mit Behinderungen und Einschränkungen spielen und das im Wesentlichen nicht anders als alle anderen Kinder. Vielmehr gibt es in inklusiven Gruppen eben viele unterschiedliche Entwicklungsstände. Einige Kinder haben vielleicht Entwicklungsverzögerungen aufgrund von Sprachbarrieren, körperlichen oder geistigen Behinderungen. Sie brauchen Unterstützung, Anreize und Hilfsmittel. Andere Kinder sind altersgerecht entwickelt, wieder andere sind vielleicht außergewöhnlich weit in bestimmten Bereichen entwickelt. Jedoch spielen alle Kinder gern und lustvoll, wenn sie die Möglichkeit bekommen, ihrem Spiel nachzugehen. Sie spielen laut und wild, leise und zurückgezogen, allein oder zusammen, spielen ausdauernd oder wechseln häufig die Tätigkeit. Gerade bei Kindern mit Beeinträchtigung ist es wichtig, ihnen die vielfältigen Spielformen nicht zu verwehren. Durchgeplante Tage mit Therapien oder Behandlungen lassen von vorneherein wenig Raum für freies Spielen. Wenn die verbliebene Zeit nun von außen gelenkt und als ergebnisorientiertes Spiel verplant ist, kann dies bei Kindern zu Lustlosigkeit, Ablehnung und Hemmungen führen.

1. Inklusives Arbeiten fängt bei der Fachkraft an

Die Umsetzung von Vielfalt und Inklusion in Kindertagesstätten setzt bei allen Beteiligten eine positive Haltung voraus. Von dieser ausgehend ist es notwendig, Voraussetzungen und Bedingungen zu schaffen, damit Inklusion gelingen kann. Inklusives Arbeiten benötigt zwar bauliche Bedingungen oder Sach- und Fördermittel. Genauso wichtig ist jedoch die eigene pädagogische Haltung: Um das Spiel der Kinder selbstbestimmt und inklusiv zu gestalten, sollten Pädagoginnen Vielfalt als Bereicherung sehen, das Recht des Kindes auf Teilhabe sichern und dieses Recht in ihrer Arbeit sichtbar machen. Die Pädagoginnen gestalten anregungsreiche Lernumgebungen, geben Impulse, regen inklusive Interaktionen an, fördern diese und unterstützen in Situationen, wo die Kinder Hilfe benötigen. So ermöglichen sie allen Kindern selbstbestimmtes Spielen und Lernen. Dazu braucht es den Willen und viel Engagement, ein positives Bild vom Kind, Kenntnisse um die allgemeinen Entwicklungsbedingungen von Kindern unter drei Jahren und um die besonderen Bedürfnisse der Kinder in der Gruppe, die Bereitschaft, sich zu diesen Themen fort- und weiterzubilden und das eigene Handeln immer wieder zu reflektieren.

Im selbstbestimmten inklusiven Spiel können die Kinder Erfahrungen im Umgang mit individueller Verschiedenheit machen und entdecken, was sie verbindet. Wie diese Erfahrungen aussehen, hängt zu einem großen Teil von den Bedingungen und dem Rahmen ab, in dem sie stattfinden. Eine wertschätzende und vorurteilsfreie Haltung der Pädagoginnen ermöglicht den Kindern, ein positives Selbstbild sowie eigene inklusive Normen und Werte zu entwickeln. Insbesondere die Einrichtungsträger sollten durch eine klare inklusive Haltung und Unterstützungsbereitschaft gekennzeichnet sein. Mit regelmäßigen internen und externen

Tipp:

Wer sich intensiver mit der eigenen Haltung zum Thema Inklusion beschäftigen möchte, findet im Artikel „Wie hältst du's mit der Haltung?" wertvolle Anregungen und Impulse. Das PDF der Gewerkschaft Erziehung und Wissenschaft ist kostenlos downloadbar unter: www.gew.de

Evaluationen sowie der Organisation von Fort- und Weiterbildungen können auch die Träger die Qualität in den Einrichtungen weiterentwickeln.

2. Allen Kindern selbstbestimmtes Spielen ermöglichen

Beim inklusiven Arbeiten ist ein prüfender und reflektierender Blick auf die Gestaltung der Räume und der Spielmittel besonders wichtig. Denn das selbstbestimmte Spielen ist nur möglich, wenn alle Kinder alle Räume und Spielmaterialien ohne Hilfe nutzen können. Das umzusetzen, erfordert immer wieder Kreativität und die Bereitschaft, neue Wege zu gehen.
Konstruktionsspiele, die aufgrund von Größe, Form oder Gewicht nicht von Kindern mit Behinderungen bespielbar sind, verhindern positive Erfahrungen und Erfolgserlebnisse – stattdessen scheitern sie, was sich negativ auf ihr Selbstwertgefühl auswirkt.
Auch Regelspiele können für Kinder mit Behinderungen eine Schwierigkeit darstellen. Pädagogische Fachkräfte können die Regeln so weit vereinfachen, dass auch Kinder mit Beeinträchtigungen mitspielen können.
Rollenspiele sollten außerdem nicht mit einer Erwartungshaltung der pädagogischen Fachkräfte verknüpft sein – für viele Kinder ist es schwierig, sich in eine Rolle hineinzuversetzen und diese gemäß äußerer Erwartungen zu erfüllen. Das Rollenspiel sollte daher gänzlich frei und ungezwungen sein.
Kinder mit Beeinträchtigungen benötigen häufig mehr Zeit und Ruhe, um ins Spiel zu finden und ihm nachzugehen. Haben sie diese Zeit nicht oder werden sie immer wieder unterbrochen, wird auch hier den Kindern ihr Spiel verwehrt. In der Gestaltung des Tagesablaufs sollten Fachkräfte daher besonders darauf achten, häufige Unterbrechungen zu vermeiden.

Mo kam mit zwei Jahren in die Gruppe. Er hatte eine spastische Bewegungsstörung der rechten Körperhälfte und auf beiden Seiten jeweils ein Cochlear-Implantat. Auffällig war, dass Mo mit Vorliebe die Spiele spielen und Materialien benutzen wollte, die alle anderen Kinder auch wählten. Es war zu erkennen, wie wichtig es ihm war, dasselbe zu tun und zu benutzen wie die anderen. In der Gruppe hatte er diese Möglichkeit. Die Pädagogin beobachtete, wo und wann er Hilfe benötigte, um sein selbstgewähltes Spiel spielen zu können. Bei Funktionsspielen brauchte er häufig nur seinen speziellen Stuhl, andere Male musste sie Materialien umstellen, damit er diese mit seiner linken Hand greifen konnte.

Foto: Tomasz Markoxski – Fotolia

Wenn das Materialangebot stimmt, wird selbstbestimmtes inklusives Spiel möglich

Foto: Vitalinka – Fotolia

Im inklusiven Spiel üben Kinder schon früh gegenseitige Rücksichtnahme

Bei Konstruktionsspielen forderte Mo oftmals Hilfe ein, Dinge für ihn festzuhalten. Gemeinsam fand die Gruppe auch Möglichkeiten, diese zu fixieren, damit er sein Spiel fortsetzen konnte.

Materialien und Spielorte im inklusiven Spiel

Eine wichtige Voraussetzung für das selbstbestimmte Spiel ist, dass die Spielorte und Materialien gut erreichbar sind. Ebenso braucht es eine attraktive Umgebung mit Materialien, die bei den Kindern das Interesse wecken, aktiv allein oder auch gemeinsam mit anderen Kindern zu forschen, zu experimentieren und zu spielen. Gerade bei Kindern unter drei Jahren sollten Pädagoginnen darauf achten, dass vielfältige Materialien für die Entwicklung ihrer Sinne vorhanden sind. In der Garderobe kann z. B. ein kleiner Sandkasten integriert werden, wo die Kinder auch bei schlechtem Wetter spielen und baggern können. Weitere Sinnesmaterialien sind z. B. Knete, Knetsand, Grieß, Reis, Vogelsand, gefärbtes Wasser, Farbbeutel, Kastanien, Baumrinde, Eicheln, Steine, Muscheln, Magnete, Papprollen, Korken, Rohre, Tücher, Decken, Kissen u. v. m. Um inklusive Aktivitäten zu fördern, ist es von Vorteil, wenn mehrere Kinder diese Angebote gleichzeitig bespielen können und jedes Kind sie ohne Hilfe erreichen kann. Die Räume sollten den Kindern viel Bewegungsfreiheit bieten und auch durch sie veränderbar sein.
Hier hilft es, wenn Ablageflächen für Materialien vorwiegend an den Wänden angeordnet sind. Unter diesen Ablageflächen können kleinere, rollbare Tische oder Kisten stehen, die sich leicht verschieben lassen. So können sie ihren Spielraum gegebenenfalls verändern oder sich Platz schaffen. Rollbare Raumteiler oder Stoffe, die an Schnüren aufgespannt sind, schaffen die Möglichkeit, sich einen individuellen Rückzugsort zu gestalten.
Selbstverständlich sollten auch alle Räume für alle Kinder frei zugänglich sein, also auch der Waschraum, der Bewegungsraum und die Garderobe.

Wie alle Kinder sollte auch Mo die Möglichkeit haben, sich seine Spielbereiche frei auszuwählen. Es brauchte also etwas, womit er sich selbstständig fortbewegen konnte.
Die Pädagoginnen fanden bei ihrer Recherche ein spezielles Rollbrett und ein Vierrad, bei dem die Gefahr des Umfallens gering war. Erst war Mo sehr skeptisch und mied das gut gemeinte Hilfsmittel. Aber dieses Rollbrett durften auch alle anderen Kinder benutzen. Als Mo sah, wie diese sich damit fortbewegten, weckte es doch sein Interesse und die Bereitschaft, sich auf einen

Versuch einzulassen. Erst schoben die anderen Kinder ihn durch die Räume. Dann probierte er es allein. Zu Beginn schob er das Brett selbst hin und her, dann versuchte er, sich hinaufzuziehen. Als er es das erste Mal schaffte, war die Freude darüber in der ganzen Gruppe spürbar. Nachdem Mo nun Wege fand, sich auch vorwärtszubewegen, beanspruchte er das Rollbrett immer öfter für sich und konnte sich seinen Raum zum Spielen frei wählen.

3. Sozial-emotionale Lernfelder für Kinder im inklusiven Spiel

Im Spiel setzen sich die Kinder mit ihrer Umwelt auseinander. Hier machen sie vielfältige Beziehungserfahrungen, lernen, Konflikte auszutragen, Kompromisse zu finden und ihre eigenen Gefühle wahrzunehmen und auszudrücken. Dies gilt ganz besonders für Kinder in inklusiven Gruppen – sie erleben auf der sozial-emotionalen Ebene besondere Herausforderungen und damit auch eine besondere Förderung. Bei ihnen sind Empathie, die Wahrnehmung der eigenen Gefühle und Bedürfnisse sowie die der anderen Kinder besonders gefragt. Im Umgang mit Kindern mit Behinderungen oder Einschränkungen müssen sie häufiger Rücksicht nehmen, bewahren sich aber gleichzeitig ihre unerschrockene, unverkrampfte Art.

Hin und wieder fiel den Kindern im Spiel auf, das Mos Implantate abgefallen waren oder nicht mehr leuchteten. Sie wussten, dass Mo nur hören konnte, wenn diese grün leuchteten. Anfangs kam es vor, dass die Kinder uns dann zu Mo führten. Manchmal halfen sie Mo dabei, die Implantate wieder anzubringen, und Mo begann, ihnen Zeichen zu geben, wenn er ihre Hilfe benötigte. Dies wurde so zur Normalität, dass es fast unbemerkt während des Spiels ablief.

So lernen Kinder im sozial-emotionalen Bereich auch, auf andere Kinder zu achten, sich zu unterstützen und gegenseitig Rücksicht zu nehmen.

Die Gruppe hatte einen großen Anteil daran, dass Mo aktiver und somit auch beweglicher wurde. Die Spielideen der anderen Kinder verleiteten Mo dazu, sich in immer neuen Bewegungen zu üben oder sich auch nonverbal Hilfe einzufordern. Gleichaltrige reichten ihm in Interaktionen immer wieder Spielzeug, auf das er zeigte, und spielten kurzzeitig mit ihm – wenn auch noch jeder mit seinem Spielzeug. Manchmal bestand die Interaktion darin, sich gegenseitig anzulächeln oder ihm im Vorbeigehen über den Rücken zu streichen. Auch Mo begann, Kinder, die an ihm vorbeigingen, kurz zu berühren, indem er einen Arm ausstreckte. Dies sind typischen Verhaltensweisen von Kleinkindern im Spiel, um mit anderen in Kontakt zu treten.

Kinder haben einen besonderen Zugang zueinander

Gemeinsame Bewegungsspiele und Lieder fördern auch hier das inklusive Lernen, besonders bei Kindern mit Sprachbarrieren. Kinder sind sehr aufmerksam untereinander und gehen mit Unterschiedlichkeiten sehr sensibel um. Sie finden oft eine Basis zum Austausch. Kinder sind in diesem Punkt sehr viel feinfühliger, Signale anderer Kinder zu erkennen und zu verstehen, manchmal mehr als Erwachsene es können. Oftmals haben Kinder einen besonderen Zugang zueinander und öffnen sich anderen Kindern gegenüber, wo sie es Erwachsenen gegenüber noch nicht tun. Miriam, ein Mädchen mit verzögerter Sprachentwicklung, sprach z. B. immer dann, wenn sie sich unbeobachtet fühlte und unter Kindern war. Erst später gab sich dieses Verhalten und sie begann auch mit den Fachkräften zu reden. Deshalb ist es so wichtig für Kinder, mit Gleichaltrigen spielen und lernen zu dürfen und auch Vielfalt innerhalb der Gruppe wahrzunehmen. Sei es das unterschiedliche Lebensalter in einer altersgemischten Gruppe, sei es der Migrationshintergrund einiger Kinder oder seien es Kinder mit Behinderungen. Kinder gehen in der Regel unbefangen und vorurteilsfrei miteinander um.
Im Spiel lernen sie, miteinander in Kontakt zu kommen und zu bleiben. Sie lernen ihre Stärken und Schwächen kennen und akzeptieren die der anderen. Sie lernen mit Erfolgen, mit Frust, mit Regeln und Strukturen umzugehen, sich zu beteiligen und zu teilen.

Tipp:

Einen weiterführenden Text mit dem Titel „Bedeutung des Spiels für Menschen mit Behinderung“ finden Sie als PDF-Datei unter folgendem Link:

www.bit.ly/2O0AnBx

(Der Text stammt aus: Niklas-Faust, J. / Scharringhausen, R. (Hrsg.): Heilerziehungspflege in besonderen Lebenslagen. Band 2. Berlin: Cornelsen 2017)

Literatur

Bröder, M.: Sprachförderung in der Kita. Ganzheitlich – individuell – integrativ. Freiburg: Herder 2012

Gombert, N.: Das Inklusions-Spielebuch. So gelingt die inklusive Kita, Munster: Ökotopia 2016

Groschwald, A. / Rosenkötter, H.: Inklusion in Krippe und Kita. Ein Leitfaden für die Praxis, Freiburg: Herder 2015

Mädchenspiele – Jungenspiele

Foto: Harald Neumann

Jungs spielen mit Autos, Mädchen mit Puppen. Althergebrachte Klischees über geschlechtsspezifische Vorlieben beim Spielen stecken tief in den Köpfen fest. Das Ziel sollte sein, Kindern freies Spiel jenseits von Schubladendenken zu ermöglichen und sie dabei geschlechtsunabhängig zu begleiten.

von Annika Butters und Eliza Spirig-Mohr

1. Jungen und Mädchen spielen unterschiedlich

Im Spiel erarbeitet sich das Kind sein Bild von der Welt und von sich selbst (Wustmann Seiler / Simoni 2016) und somit auch seine Vorstellung davon, was es bedeutet, ein Mädchen oder ein Junge in dieser Welt zu sein. Das Spielverhalten und die Spielzeugpräferenzen von Jungen und Mädchen unter drei Jahren unterscheiden sich deutlich weniger als bei älteren Kindern. Dennoch konnten Studien bereits bei Einjährigen geschlechtsspezifische Unterschiede nachweisen, also bevor die Kinder überhaupt benennen können, ob sie ein Mädchen oder ein Junge sind (vgl. Bischof-Köhler 2011). Insgesamt nehmen die geschlechtsspezifischen Unterschiede jedoch ab drei Jahren deutlich zu, Kinder verteidigen ihre Geschlechterrollen zunehmend hartnäckig. Die Festigung der Geschlechtsidentität wird zur zentralen Entwicklungsaufgabe (Rohrmann / Wanzeck-Sielert 2014). Die sogenannte Geschlechtskonstanz – also das Bewusstsein, dass man ein Mädchen oder ein Junge ist und entsprechend später zum Mann oder zur Frau wird – festigt sich erst im Alter zwischen vier und sechs Jahren.

Einflüsse von außen

Was ist aber die Ursache für die Unterschiede zwischen Jungen und Mädchen? Sind diese angeboren bzw. genetisch bestimmt oder entstehen sie durch die Umwelt und die Interaktionen mit anderen Personen? Bei der Geburt ist das Gehirn von Mädchen und Jungen relativ ähnlich – aber es ist sehr formbar, reagiert also auf die Erlebnisse und Reize, die ihm begegnen. Dazu zählen auch das familiäre, soziale und kulturelle Umfeld des Kindes. Bereits kleine Unterschiede im Verhalten von Erwachsenen gegenüber Jungen und Mädchen können deutliche geschlechtsabhängige Rollenbilder entstehen lassen. Denn Kinder haben feine Antennen, was die Reaktionen und das Verhalten ihres Umfelds angeht, und lernen so schon früh, was kulturell geschlechtsadäquate Verhaltensweisen sind (Ducret / Le Roy 2013). Es liegt also an der Umgebung eines Kindes – wie der Familie, den

Exkurs Risky Play – Wie risikoreich dürfen und sollten Kinder spielen?

Studien (s. S. 43) zeigen, dass ältere Jungen im Spiel mehr Risiko auf sich nehmen. Sie spielen häufiger draußen und bewegen sich beim Spiel mehr. Dies ist bedeutsam im Zusammenhang mit den Erkenntnissen aus der Forschung zum „Risky Play" (vgl. Sandseter). Risky play (risikoreiches oder gewagtes Spiel) bedeutet, dass sich Kinder im Spiel selbst gewählten, dosierten Risiken aussetzen, wenn sie z. B. schnell Laufrad fahren. Die Forschung zeigt, wie bedeutsam Risiken für eine gesunde körperliche und psychische Entwicklung und den Erwerb von Bewegungssicherheit (und damit auch Unfallvermeidung) sind. Kinder brauchen Zeit und Raum, um zu klettern oder zu toben. Aufgabe der Fachkräfte ist es, die Risikokompetenz bei Mädchen und Jungen zu fördern und Kinder bewusst und reflektiert in ihrer Bewegungsfreude zu unterstützen. Mehr zum Thema Risky Play lesen Sie in der „Kleinstkinder"-Ausgabe 2/17, S. 6-11.

pädagogischen Fachkräften und anderen Erwachsenen – das kindliche Spiel reflektiert und sensibilisiert zu begleiten.

Geschlechterabhängige Unterschiede im Spiel

Folgende geschlechtsspezifischen Unterschiede in Bezug auf das Spiel von Vorschulkindern fassen Ducret und Le Roy (2012, 2015) zusammen. Bei Kindern unter drei Jahren dürften diese Unterschiede bereits in Ansätzen erkennbar sein:

- Kinder spielen häufiger mit geschlechtstypischen Gegenständen. Dies verstärkt sich in gemischten Gruppen.
- Je mehr Zeit Kinder in geschlechtshomogenen Gruppen verbringen, desto deutlicher zeigen sich geschlechtsspezifische Verhaltensunterschiede.
- Mädchen bevorzugen Spiele und Spielzeug aus „weiblichen" Bereichen (z. B. Pflege, Kinderbetreuung, Verkauf), Jungen dagegen eher aus „männlichen" Bereichen (z. B. Verkehr, Technik). Zudem wählen Jungen im Spiel eher Berufe mit höherem sozialem Ansehen (z. B. Arzt).
- Mädchen spielen öfter Rollenspiele, Jungen dagegen Bau- und Konstruktionsspiele.
- Die Spiele der Jungen sind eher abschlussorientiert und ermöglichen weitere Spiele und Erkundungen.
- Aus dem Spiel mit Puppen resultieren bei dreijährigen Mädchen meist Rollenspiele rund um die Betreuung von Kindern. Jungen spielen meist nur mit Puppen, wenn sie mit Mädchen zusammen sind.
- Jungen spielen häufiger im Freien. Sie klettern mehr und nehmen entsprechend mehr Risiken auf sich.

2. Geschlechtsstereotype Verhaltensmuster von Fachkräften

In der Wahrnehmung und im Verhalten von Erwachsenen gegenüber Jungen und Mädchen gibt es deutliche Unterschiede. Bekannt in diesem Zusammenhang sind die sogenannten „Baby X-Studien" (Seavey et al. 1975 in Bischof-Köhler 2011). Versuchspersonen stellte man den gleichen Säugling einmal als Mädchen und einmal als Junge vor. Wie die Personen mit dem Baby spielten, unterschied sich je nachdem, ob sie davon ausgingen, einen Jungen oder ein Mädchen vor sich zu haben. Für Jungen wählten die Probanden z. B. häufiger einen Fußball als Spielzeug aus, für Mädchen eine Puppe. Die Erwachsenen verhielten sich also gegenüber Mädchen und Jungen nicht gleich, und zwar weder in der Auswahl des Spielzeugs noch beim Sprechen noch im Umgang mit dem Kind.
Ausgangspunkt für ein solches Verhalten sind die Vorstellungen darüber, wie Mädchen und Jungen bzw. Männer und Frauen typischerweise sind, was sie können und tun. Diese Rollenbilder prägen die Selbstwahrnehmung und die Geschlechtsidentität. Deshalb ist es wichtig, als pädagogische Fachkraft das eigene Verhalten bewusst zu reflektieren und z. B. Spielmaterialien unter diesem Gesichtspunkt bewusst auszuwählen. In den letzten Jahren verstärkt sich der Trend aus der Spielzeugindustrie, unterschiedliche Varianten eines Spielzeugs für Jungen und Mädchen anzubieten, wie etwa Bausteine in einer rosa-lila Variante und einer blau-gelb-grünen Variante. Umso mehr sind Fachkräfte gefragt, diesem Trend entgegenzuwirken und Kindern zu ermöglichen, sich im Spiel frei zu entfalten. Ein regelmäßiger Austausch im Team ist essentiell, auch um Geschlechterklischees im eigenen Denken auf die Spur zu kommen, das eigene pädagogische Handeln entsprechend zu hinterfragen und als gesamte Einrichtung für eine freie Entwicklung der Kinder jenseits von Rollenbildern einzutreten.

Foto: Harald Neumann

Das Spiel der Kinder unabhängig von althergebrachten Rollenvorbildern unterstützen

Unbewusste Reaktionen von Fachkräften

Da pädagogische Fachkräfte sehr oft unbewusst mit Jungen und Mädchen unterschiedlich umgehen, entstehen für diese auch unterschiedliche Erfahrungsräume. Kinder, die mit geschlechtsuntypischen Gegenständen spielen, erleben z. B. eher negative bzw. wenig unterstützende Reaktionen. Davon sind Jungen stärker betroffen als Mädchen. Spielt ein Junge Prinzessin, muss er eher mit negativen Reaktionen rechnen als ein Mädchen, das in der Bauecke spielt. So verstärken Fachkräfte geschlechtstypische Verhaltensweisen, denn Kinder verweilen länger bei Aktivitäten, die ihr Umfeld positiv bewertet. Diese Bewertungen sind oft subtiler Natur, wie etwa ein Blick, ein Lächeln oder ein Hochziehen der Augenbraue. Eine Bewertung von kindlichen Spielweisen sind im Übrigen prinzipiell zu vermeiden, nicht nur vor dem Hintergrund von Geschlechterklischees.

Auch auf der sozial-emotionalen Ebene reagieren Fachkräfte verschieden auf das Spielverhalten von Jungen und Mädchen (Ducret / Le Roy 2013) und erwarten Unterschiedliches von ihnen. Sie ermahnen Mädchen schneller, wenn sie wild spielen, bitten sie aber umgekehrt häufiger darum, Streit zu schlichten oder die Spielsachen aufzuräumen. Jungen hingegen dürfen Wut und Frust stärker ausleben, werden aber seltener aufgefordert, ihre Gefühle auszudrücken.

Foto: Kristin Gründler – Fotolia

Risky Play: es ist wichtig, Mädchen wie Jungen in ihrer Bewegungsfreude zu fördern

Beispiele aus der Praxis

Im Rahmen des europäischen Projekts „Gender Loops“ (Krabel / Cremers 2008) zeigten Beobachtungen in Kindertagesstätten, dass Jungen oft als aktiver, wettbewerbsorientierter und durchsetzungsfähiger, Mädchen dagegen als ruhiger und im Spiel weniger körperbetont wahrgenommen werden. Eine spanische Kita entschied sich deshalb dafür, zweijährigen Mädchen und Jungen wöchentlich Aktivitäten in geschlechtergetrennten Gruppen anzubieten. Die Aktivitäten für die Mädchen fanden meist im Freien statt. Dabei spielten die Fachkräfte mit den Mädchen Ball oder tobten mit ihnen herum, initiierten also körperbetonte Aktivitäten. Zudem führten sie mit den Mädchen Übungen zur Stärkung des Selbstvertrauens durch und erzählten ihnen Geschichten von durchsetzungsfähigen und starken weiblichen Figuren. Die Arbeit mit den Jungen dagegen fand im Gruppenraum statt und umfasste Musik, Tanz und die Arbeit mit Bildern zum Thema Gefühle. Außerdem ermutigten Fachkräfte sie in Rollenspielen zu Haushaltstätigkeiten.

Am Ende der 45-minütigen Gruppeneinheiten wurden die Kinder wieder zusammengeführt. Sie erzählten sich in Bildern und Worten gegenseitig, was sie erlebt hatten. Die Fachpersonen machten die Erfahrung, dass sich die zweijährigen Kinder sehr gut über ihre Erfahrungen austauschen konnten. Schon nach kurzer Zeit konnte man bei den Kindern Veränderungen beobachten – sowohl innerhalb der geschlechtsgetrennten Gruppen als auch im gemeinsamen Alltag. Die Mädchen hatten z. B. mehr Freude an körperlichen Betätigungen und die Jungen spielten häufiger spontan mit Puppen als dies vor dem Projekt der Fall gewesen war (Navarro 2005 in Abril et al. 2008).

Dieses Praxisbeispiel zeigt, wie sich durch genderbewusste Arbeit Verhaltensunterschiede im Spiel verändern lassen. Dabei helfen bspw. folgende Fragen (weitere Fragen s. Kasten S. 45): Initiieren die Fachkräfte, dass Kinder sowohl in geschlechtergetrennten als auch in geschlechtergemischten Gruppen spielen? Gibt es geschlechtertypische Spielorte in der Einrichtung? Legen die Kinder diese Orte fest oder die Fachkräfte? Tauchen im Gruppenalltag wiederkehrend Situationen auf, die geschlechterspezifische Unterschiede beim Spiel zwischen den Kindern verstärken? Toleriert das Team unterschiedliches Verhalten bei Jungen und Mädchen, z. B. größere Lautstärke bei Jungen, abgesperrte Bereiche bei Mädchen?

Nicos Puppe und Sophies Lastwagen

In diesem Schweizer Projekt wurden Kinder zwischen null und vier Jahren in Kitas und Kindergärten beobachtet. (Ducret / Le Roy, 2012, 2015) Ausgehend davon wurde ein Beobachtungsinstrument für die Praxis entwickelt (s. u.). Auch hier zeigten sich (Ducret / Nanjoud 2012) Unterschiede im Spielverhalten der Geschlechter und den Reaktionen des Umfelds: So zogen sich Mädchen für das Spiel häufiger in ruhige Ecken zurück, während die Jungen mehr Raum beanspruchten und dabei auch in den Spielraum der Mädchen eindrangen. Mädchen erhielten zudem weniger Beachtung und spielten häufiger für sich alleine – „als ob sie unsichtbar wären" (ebd. S. 65). Jungen dagegen bekamen mehr Aufmerksamkeit und wurden häufiger mit dem Namen angesprochen (Ducret / Le Roy 2012, 2015). Weiterhin machten die Fachkräfte die Mädchen eher auf Gefahren im Spiel aufmerksam als die Jungen (s. auch Kasten „Risky Play", S. 42). Stritten sich die Kinder um ein Spielzeug, forderten sie die Mädchen öfter auf, sich wieder zu vertragen oder ein alternatives Spielzeug zu verwenden. Kindern geschlechtsuntypische Spiele oder Spielsachen anzubieten oder den Umgang damit zu ermutigen, hatte für die Fachpersonen keine Relevanz. Spielten die Kinder geschlechtsuntypische Spiele, wurden sie kaum dabei begleitet und wendeten sich schnell wieder davon ab.

Die genannten Studien und ihre Schlussfolgerungen machen deutlich: Fachkräfte brauchen Genderkompetenz, damit sie Mädchen und Jungen im Spiel unabhängig von tradierten Geschlechterrollen fördern und begleiten können und nicht Geschlechtsunterschiede unbewusst verstärken. Dazu gehört es, das eigene Verhalten zu reflektieren und im Team Ideen zu entwickeln, wie man ungünstigen Verhaltensmustern entgegenwirken kann.

3. Die Bedeutung von Genderkompetenz

Unsere Wahrnehmung wird stark von den Kategorien männlich und weiblich gesteuert (Bischof-Köhler 2011). Dies hilft zwar einerseits, unsere Wahrnehmung zu ordnen, macht aber auch einen bewussten und selbstkritischen Umgang damit erforderlich. Pädagogische Fachpersonen sollten sehr genau darauf achten, wie sie Jungen und Mädchen wahrnehmen und ob sie sie unterschiedlich behandeln. Sie sollten ihr Verhalten hinterfragen und bewusst eine genderkompetente Haltung entwickeln. Das beinhaltet die Aneignung von Wissen, einen offenen und reflexiven Umgang damit und den Austausch mit anderen Fachkräften. Fachpersonen müssen gemeinsam, anhand von Beobachtungen im Alltag und ihren Kenntnissen zum Thema, Strategien und Methoden im Umgang mit Mädchen und Jungen im pädagogischen Alltag entwickeln: Stellen Kitamitarbeitende z. B. fest, dass in der Rollenspielecke

Reflexionsfragen

Rohrmann (2011) schlägt vor, gemeinsam mit der ‚Gender-Brille' durch die Kita zu gehen und in Bezug auf Mädchen und Jungen zu reflektieren:

- Haben Mädchen und Jungen gleiche Chancen beim Zugang zu Räumen, Material und Angeboten?
- Erhalten Jungen und Mädchen gleichermaßen die Aufmerksamkeit der pädagogischen Fachkräfte?
- Werden Angebote so gestaltet, dass Jungen und Mädchen gleichermaßen angesprochen werden?
- Erhalten Mädchen bzw. Jungen Förderung und Herausforderungen in Bereichen, in denen sie weniger Erfahrung haben oder weniger Erfahrungen machen können?
- Werden Unterschiede zwischen Mädchen und Jungen wahrgenommen und die Akzeptanz dieser Unterschiede gefördert?
- Werden Unterschiede auch innerhalb der Gruppe der Jungen bzw. innerhalb der Gruppe der Mädchen wahrgenommen und die Akzeptanz dieser Unterschiede gefördert?
- Werden geschlechtsbezogene Aspekte in allen Bildungsbereichen reflektiert und berücksichtigt?
- Machen sowohl Mädchen als auch Jungen Erfahrungen in allen Bildungsbereichen?
- Werden Männer in die Planung, Durchführung und Reflexion von Angeboten, Vorhaben und Projekten mit einbezogen?
- Werden Väter und/oder Mütter beteiligt? Werden Angebote, Vorhaben und Projekte dokumentiert und in die Zusammenarbeit mit Müttern und Vätern eingebracht?
- Welchen Beitrag kann ein Vorhaben für das Ziel leisten, die Anerkennung und Wertschätzung für die pädagogische Arbeit in Kindertagesstätten zu erhöhen?

Foto: Steve Debenport - iStock

Reflexionsanlass: Häufig akzeptieren Erwachsene Wut und Aggression im Spiel eher von Jungen als von Mädchen

Buchtipp

Im Handbuch „Nicos Puppe und Sophies Lastwagen" (Ducret/Le Roy 2013) finden Sie eine Anleitung zur Selbstbeobachtung bzw. Beobachtung im Team (S. 29 f.). Das Handbuch ist als Download kostenlos erhältlich beim „Marie Meierhofer Institut für das Kind" unter www.mmi.ch (am besten in einer gängigen Suchmaschine nach „Nicos Puppe und Sophies Lastwagen" suchen). Als gebundenes Heft können Sie es für 9,50 Euro bestellen unter: www.mmi.ch/shop_mmi-produkte/buecher.html

mehrheitlich Mädchen spielen, könnten sie sich fragen, weshalb sich die Jungen nicht in diese Spielecke begeben. Was können sie in der Rollenspielecke konkret verändern, damit sie auch für Jungen attraktiv wird? Dabei hilft es zu wissen, dass es sinnvoll ist, Themenecken zu mischen und z. B. Konstruktionsspielzeug auch in der Rollenspielecke anzubieten (Vogt et al. 2012).

Ziel einer genderkompetenten Erziehung ist es, einen sicheren, gerechten und flexiblen Raum zu schaffen, in dem sich Jungen und Mädchen individuell ausprobieren und entfalten können (Ärlemalm-Hagsér / Hellmann 2012). In dem Jungen sich als Prinzessinnen verkleiden und Mädchen auf Drachenjagd gehen können, ohne ausgelacht zu werden. Einen Raum, in dem alle Kinder, unabhängig vom Geschlecht, die gleiche Aufmerksamkeit erhalten und Fachkräfte sie in ihrem Spiel und in ihren Interessen gleichermaßen wahrnehmen, unterstützen und begleiten. Eine professionelle Haltung im Umgang mit Mädchen und Jungen zu entwickeln bedeutet, die Unterschiede nicht zu negieren, sondern bewusst wahrzunehmen und insbesondere das eigene Verhalten kritisch zu beleuchten: Das Bewusstsein von Unterschieden und damit auch das Bewusstsein, selbst Unterschiede zu machen, ist ein zentrales Merkmal von Professionalität (Rose 2004 in Rohrmann 2009).

Literatur

Ducret, V. / Le Roy V.: Nicos Puppe und Sophies Lastwagen. Handbuch für die Beobachtung von Interaktionen zwischen pädagogischen Fachpersonen, Eltern und Mädchen und Jungen. Zürich: MMI 2013

Marie Meierhofer Institut für das Kind (MMI) (2012). Gender im Frühbereich. undKinder Nr. 90/ Dezember 2012. Zürich: MMI

Rohrmann, T. / Wanzeck-Sielert, C.: Mädchen und Jungen in der Kita. Körper, Gender, Sexualität. Stuttgart: Kohlhammer 2014

Die vollständige Literaturliste erhalten Sie auf www.kleinstkinder.de oder auf Anfrage bei der Redaktion.

Autorinnen dieser Ausgabe:

Foto: privat

Annika Butters, Pädagogin und Pädagogische Psychologin, lic. phil., Gymnasiallehrerin, ist in der Fortbildung für Mitarbeiterinnen und Leiterinnen von Kindertagesstätten sowie für im Frühbereich beschäftigte Personen tätig. Schwerpunkte sind Frühkindliche Bildung, Betreuung und Erziehung, Beobachtung und Dokumentation früher Bildungs- und Lernprozesse insbesondere anhand der „Bildungs- und Lerngeschichten", Gender im Frühbereich, die Ausbildungslandschaft in der familien- und schulergänzenden Bildung, Betreuung und Erziehung.

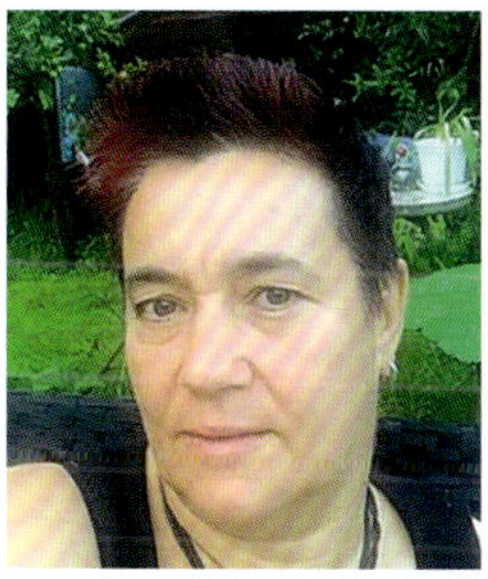

Foto: privat

Antje Grübnau, Facherzieherin für Integration sowie Multiplikatorin für Kinderschutz. Sie arbeitet im Kindergarten „Kinder vom Heckelberg" in Berlin. Schwerpunktthemen ihrer Arbeit sind Spiel und Lernen sowie Kinderschutz und Prävention.

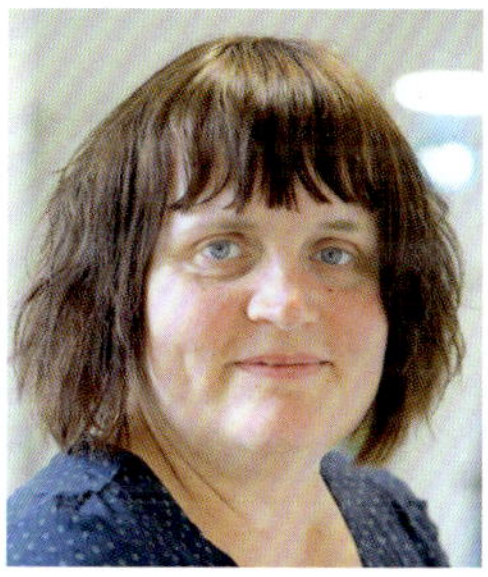

Foto: privat

Dr. Julia Höke, Erziehungswissenschaftlerin, arbeitet an der Katholischen Hochschule NRW, Abt. Paderborn im Studiengang Kindheitspädagogik und für die Peter Gläsel Stiftung, Detmold. Schwerpunkte ihrer Arbeit sind die Gestaltung von Übergängen, Spielen und forschendes Lernen in Krippe, Kita und Grundschule und die Partizipation von Kindern.

Foto: privat

Eliza Spirig-Mohr, Pädagogische Psychologin, lic. phil., Primar- und Gymnasiallehrerin, Coach, Organisationsberaterin. Sie arbeitet als Weiterbildnerin und Beraterin für Leiterinnen und Mitarbeiterinnen von Tageseinrichtungen für Kinder. Ihre Schwerpunkte sind: Führung von Kindertagesstätten, Diversität, Bildungs- und Lerngeschichten.

VI. Medientipps

1. Bücher und DVDs

Das Spiel der Kleinkinder
Frühes Lernen verstehen, begleiten und fördern
mit DVD
von Antje Bostelmann
Bananenblau 2019
Preis 24,80 €

Das Spiel des Kindes
kindergarten heute – wissen kompakt
von Dörte Weltzien
Verlag Herder 2013
Preis 12,99 €

Königsdisziplin Spielen (DVD)
mit Margit Franz, Prof. Dr. Klaus Fröhlich-Gildhoff, Gisela Six-Hinkel, Heike Baum, Prof. Dr. Katharina Gerarts und Prof. Dr. Gerald Hüther
AV1 Pädagogik-Filme 2019
Preis 33,00 €

Kindliche Spielschemata
Kleinstkinder – Die Praxismappe
Verlag Herder 2019
Preis 15,99 €

Den Alltag spielen
Kleine Übungen des praktischen Lebens nach Maria Montessori
von Jutta Bläsius
Verlag Herder 2019
Preis 12,00 €

Von den Anfängen des freien Spiels
von Eva Kallo und Györgyi Balog
Pikler Gesellschaft Berlin
Preis 12,50 €

Spielen und Lernen
Anregungen zur Frühpädagogik in Kindergruppen
von Monika Aly /Anja Werner/ Anke Zinser
Pikler Gesellschaft Berlin
Preis 14,50 €

Kleinkinder. Spielen und Lernen in den ersten drei Lebensjahren: Das Grundlagenbuch der institutionellen Kleinkindpädagogik
von Sonia Jackson und Ruth Forbes
Bananenblau 2016
Preis 32,80 €

„Heute wieder nur gespielt“ – und dabei viel gelernt!
Den Stellenwert des kindlichen Spiels überzeugend darstellen
von Margit Franz
Don Bosco 2016
Preis 19,95 €

Spielen mit Krippenkindern
von Ingrid Biermann und Verena Vollmer
Verlag Herder 2013
Preis 20,00 €

Elementare Spielhandlungen von Kindern unter 3
Erkennen, Begleiten, Fördern
von Antje Bostelmann und Michael Fink
Bananenblau 2015
Preis 19,80 €

So kann Inklusion gelingen: Zusammen spielen und singen in der Kita
von Miriam Kaykusuz
Verlag an der Ruhr 2015
Preis 18,99 €

2. Materialien und Links

Auf ***www.Kita-Fachtexte.de*** **finden Sie zum kostenlosen Download die folgenden praxisbezogenen Studientexte zum Thema „Das kindliche Spiel":**

Spielentwicklung in der frühen Kindheit
von Rolf Schwarz

Die Bedeutung des Spiels für die kognitive Entwicklung
von Julia Höke

Die Bedeutung des Spiels für die sozial- emotionale Entwicklung
von Ulrike Labuhn

Das Spiel von Gleichaltrigen in der Kita – Teilhabechancen für Kinder mit Behinderung
von Ulrich Heimlich

Die gegenseitige Abhängigkeit von Spiel- und Sprachentwicklung bei Kindern im Alter von null bis sechs Jahren
von Janine Hofmann

Begleitung von Kooperation und Spiel Null- bis Dreijähriger
von Dörte Woltzion

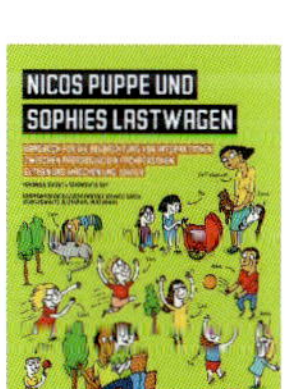

Ducret, V. / Le Roy V.: **Nicos Puppe und Sophies Lastwagen. Handbuch für die Beobachtung von Interaktionen zwischen pädagogischen Fachpersonen, Eltern und Mädchen und Jungen.** Zürich: MMI 2013
Online verfügbar unter: *www.bit.ly/2lZxsLP*

Krabel, J. / Cremers, M. (Hrsg.): **Gender Loops. Praxisbuch für eine geschlechterbewusste und -gerechte Kindertageseinrichtung.** Berlin: Dissens e.V. 2008: *https://mika.koordination-maennerinkitas.de/unsere-themen/detailansicht/article/gender-loops-praxishandbuch/*

Handreichung: Geschlechtersensibel pädagogisch arbeiten
https://mika.koordination-maennerinkitas.de/unsere-themen/detailansicht/article/geschlechtersensibel-paedagogisch-arbeiten

Bedeutung des Spiels für Menschen mit Behinderung
Diesen Text finden Sie zum kostenlosen Download unter
www.bit.ly/2OOAnBx
Aus: Niklas-Faust, J. / Scharringhausen, R. (Hrsg.): Heilerziehungspflege in besonderen Lebenslagen. Band 2. Berlin: Cornelsen 2017

www.dissens.de
Dissens – Institut für Bildung und Forschung e.V. ist ein Bildungs-, Beratungs-, und Forschungsinstitut in Berlin zu Geschlechterverhältnissen. Es setzt Forschungs- und Bildungsprojekte auf lokaler, Landes-, Bundes- und europäischer Ebene um.

https://mika.koordination-maennerinkitas.de
Die Koordinationsstelle „Männer in Kitas" möchte mit ihrer Arbeit dazu beitragen, dass sich die Lebens- und Erfahrungsvielfalt von Kindern auch in der Zusammensetzung der Teams in den Kitas widerspiegelt. Ein besonderes Anliegen ist ihnen dabei der Themenbereich „Männer und Gender in Kitas".

Tipp für Ihre Eltern!

www.kindergesundheit-info.de
Unter dem Reiter Themen finden Eltern den Unterpunkt Spielen. Dort gibt es, aufgeteilt nach den Altersgruppen 0 bis 12 Monate und 1 bis 3 Jahre, mehrere kurze und leicht verständliche Artikel zum Spiel von Kleinstkindern.

Impressum

„Das kindliche Spiel – Motor der Entwicklung" ist ein Themenheft der Zeitschrift „Kleinstkinder in Kita und Tagespflege – Die Fachzeitschrift für Ihre U3-Praxis"

ISSN 1867-5360
ISBN 978-3-451-01066-8
ISBN (digital) 978-3-451-81957-5

Verlag Herder GmbH
Hermann-Herder-Str. 4
79104 Freiburg
E-Mail: redaktion@kleinstkinder.de
www.kleinstkinder.de

Redaktion
Annekathrin Rothe
(Chefredakteurin, verantw.)
rothe@herder.de

Katrin Imbery
imbery@herder.de

Ingeborg Leenen
leenen@herder.de

Daniela Picco
picco@herder.de

Annegret Schumacher (Außenredaktion)

Redaktionsbeirat
Prof. Dr. Dorothee Gutknecht, Maren Kramer

Fotografen dieser Ausgabe
Harald Neumann, www.fotolia.de,
www.pixabay.de

Titelfoto
Harald Neumann

Bestellung und Abonnement
Mo. – Fr. 9.00 – 17.00 Uhr
Telefon: 0761 2717-379, Fax: 0761 2717-360
E-Mail: aboservice@herder.de

Anzeigenleitung
Bettina Haller
Verlag Herder GmbH
Hermann-Herder-Str. 4
79104 Freiburg
Telefon: 0761 2717-456
haller@herder.de

Grafikumsetzung und -gestaltung
Röser MEDIA GmbH & Co. KG, Karlsruhe
www.roeser-media.de

Grafikentwicklung
tiff.any GmbH, Berlin
www.tiff.any.de

Druck
Richard Conzelmann Grafik + Druck e.K.
Albstadt – Tailfingen

Gedruckt auf chlorfrei gebleichtem Papier.

Haftungsausschluss: Alle Ratschläge und Hinweise in dieser Zeitschrift wurden sorgfältig recherchiert und in der Praxis erprobt. Sofern in unseren Angeboten Kleinteile verwendet werden, weisen wir darauf hin, dass Kinder unter drei Jahren bei Nutzung dieser Angebote einer kontinuierlichen Beaufsichtigung bedürfen. Bitte beachten Sie, dass weder Autoren, die Redaktion noch der Verlag für eventuelle Nachteile oder Schäden, die aus den in der Zeitschrift angegebenen Hinweisen resultieren, jegliche Haftung übernehmen.